JN262389

# 教員評価の理念と政策

## 日本とイギリス

勝野 正章

# 目　次

## 序章　「能力開発型」教員評価という問題提起 …………… 6

## 1章　教員評価政策の動向と諸問題
### ―東京都の教員人事考課制度を中心に ………… 12

はじめに　12

1．教員評価政策の動向　13

2．教員人事考課制度の諸問題　18
　（1）政策形成過程における「開かれた協議」
　（2）自己申告制度と能力開発プログラム
　（3）評価結果の処遇への反映
　（4）評価結果の本人開示と異議申し立て制度

3．教員人事考課制度の効果　26

4．もう一つの重要な問題　31

## 2章　「研究者としての教師」と教員評価 ……………… 38

1．教員評価としてのアクションリサーチ　38

2．教師の主体的取り組みによるカリキュラム開発　40

3．ステンハウスのカリキュラムと教育実践の理論　45
　（1）行動目標モデルの批判
　（2）カリキュラム開発のプロセスモデル
　（3）「研究者としての教師」と「広い専門性」

4．アクションリサーチと教師の専門家としての成長　52

まとめ　59

## 3章　教師の専門家としての成長と自己評価 …………… 64

　1．政策のなかの自己評価　64
　2．自己評価に対する教師の姿勢　66
　3．教師の「反省的実践家」としての成長　68
　4．自己評価の理念のとらえなおし　70

## 4章　現代イギリスにおける教師の勤務評定制度 ………… 76
　　　―職能成長モデルの検討

　1．アカウンタビリティモデルと職能成長モデル　76
　2．1980年代における勤務評定政策の展開　78
　3．勤務評定の職能成長モデル　85
　　（1）「職能成長としての評価」
　　（2）学校組織と教育実践に関する前提
　4．教師の自律性と勤務評定－「遠隔操作」としての勤務評定？　93
　まとめ　96
　【資料】NSG報告書（概要）　98

## 5章　「新生労働党」の教員政策と新しい教員評価 ………… 106

　はじめに　106
　1．「新生労働党」政権の教育政策　108
　2．教師の職能基準と資格の標準化－国家による専門性の定義　111
　3．新しい教員評価－パフォーマンスマネジメントと昇級審査　120
　　（1）給与制度改革としての教員評価
　　（2）新しい教員評価の効果
　まとめ　131

目 次

　【資料】昇級審査の申請フォームと審査基準　134

## 終章　教員評価から開かれた学校づくりへ 140

## 【付録資料】 イギリスと日本の教員評価 148
　ロバート・チースマン氏（National Union of Teachers, Education and Equal Opportunity Department, Professional Assistant）へのインタビュー

## おわりに 170

序章

# 「能力開発型」教員評価
# という問題提起

　教員の資質能力の向上を図り、学校教育の充実に資するものとするために、これからの教員評価は「能力開発型」へと転換すべきである。東京都教育長の私的研究会である「教員の人事考課に関する研究会」が1999年3月にまとめた報告はそのように述べて、これまでの勤評制度や管理職選考、成績特昇のための個別評定に代わる、新しい教員評価制度を検討し整備することを提言した。

　この研究会が教育長から「教員の人事管理における人事考課に関すること」と「教員の人事考課を活用した人材育成に関すること」について検討を依頼されたのは、1998年7月であった。教育職員養成審議会の会長でもあった蓮見音彦(和洋女子大学教授、前東京学芸大学学長)座長のもと、教育関係・研究者に企業経営者とマスコミ関係者を加えた9名の委員から成る研究会が「中間のまとめ(論点整理)」を行ったのが同年12月。その後、関係団体から意見を聴取し、分科会での議論を進めて最終的にまとめられたのが、この報告「これからの教員の人事考課と人材育成について－能力開発型教員評価制度への転換－」である。

　報告は、「中間のまとめ(論点整理)」では「これからの教員評価のあり方について」検討すべき項目と主な委員の意見が列記されていた部分

をまとめ、「能力開発型」教員評価の内容と方法、評価の公正性・客観性を確保する方法について述べるとともに、「人材育成のための教員評価の活用」、「これからの教員の人材育成のあり方」についてもそれぞれ一章を設けて叙述している。これら報告段階でのまとめや新たに付け加えられた記述によって、「中間のまとめ（論点整理）」では併記の感があった、評価結果が給与、人事異動に反映される「成績判定型」の評価と教員の資質能力向上のための「能力開発型」の評価のうち、後者がより前面に押し出されることになった。しかし、人事配置、管理職選考、給与への活用など「評価の結果に基づいた適切な処遇」が放棄されたのではない。むしろ、「能力開発型」の評価を絶対評価としたうえで、「成績判定型」の評価をその結果に基づく相対評価とし、両者を組み合わせた構造を示したことが看過できない問題であった。

　報告が、教師が教育専門家として成長し、その力量が十分に発揮できるような環境を整えるための教員評価のあり方を模索し、そのための研究と議論の素材を提示しようとしたことはきわめて重要な問題提起であった。ただ、研究と議論の現段階は、「能力開発型」教員評価の具体的な内容と方法を確信をもって提示する所まで到達しているとは言い難い。その前の段階として、教師の成長を目的とした、報告の言う「能力開発型」の評価のそもそもの可能性を議論しなくてはならない段階にある。かつての激しい勤評闘争のさなかでも、あらゆる教員評価が否定されたわけではなかった。たとえば、日本教育学会の「教師の勤評問題に関する全般的見解」（1958年）は、教育者としての成長に不可欠な研修のためにする教員評価の意義は認めていたのである。否定すべきは、教師と教育を権力的に管理・統制する本質を持った勤評であり、「全く性質の異なる」成績評価の可能性はありうると述べられていた。それから約40年を経たいま、報告がなすべきであったのは、勤評がなぜ「全く性質の異なる」教員評価とならなかったのかを分析し、内外の関連研究から慎重に学ぶことであった。

　勤評の経験が示しているのは、教師の教育専門家としての成長と処遇への反映という二つのことを教員評価の目的として同居させることの根本的な困難さではなかったか。報告は、成績特別昇給にとどまらず、定

期昇給の有無も教員評価の結果によって決定すべきだとし、東京都では管理職教員について既に導入されている勤勉手当ての成績率を全教員に拡大する方向を示唆した。しかし、このような競争的な処遇制度は教師の成長にとって大きな障害となるというのが、外国での経験を踏まえた諸研究の概ね一致する点である。

　教師が新しい知識や技術を身につけようとする、その最大の動機はそれらが子どものたちの学習や成長を助けるものとなるという信念であって、金銭的報奨は強い動機づけにはならない。また、商品のセールスならば成果をあげた分だけ追加的な報奨のための原資が増えるが、教育はそうではない。いきおい、競争的な報奨制度にならざるをえない。このような理由から、アメリカを中心に、ここ20年くらいの間に試みられたメリットペイ（業績主義給与）は、教師のモラールを向上させることに失敗した、と言ってよい[1]。

　報告も述べているように、いま「協同的な教育活動」がどの学校でも強く求められている。その意味は、単なる仲良し教師集団による教育活動ではないことは言うまでもない。また、知識や技術や経験の交流が推奨され、行われているような同僚関係に留まるものでもない。「協同の教育活動」とは、子どもたちと教育をめぐる問題が共有されて、常に中心にあり、その解決のために教師集団として様々な実践の試行錯誤を建設的な相互批判を含みながら繰り返していくことにほかならない。外国の研究では、教師が知識や技術を身につけ、力量を高めていくかどうかは、このような協同的な同僚関係（同僚性）の存在に大きく左右されることが明らかにされてきている[2]。そして競争的な報奨制度が、これとは逆に教師一人ひとりに問題を抱え込ませ、問題の解決に向けての「協同的な教育活動」を阻害することも示されている。要するに、教師の成長を目的とする評価の結果を処遇に反映させることには最大限に慎重でなくてはならないのである。

　「能力開発型」教員評価についてもう一つ重要なことは、そこで開発されようとしている「能力」とはどのようなものであるか、ということである。教員評価の根本にある基準は、どのような教職と教育実践の理

念に裏打ちされているかという本質的な議論が忘れられてはならない。

　教育実践において評価の果たす役割はきわめて大きい。このことは、教員評価についても同じである。教員評価が日常的な授業のありかたを大きく左右することは十分ありうる。アメリカで実施されたある教員評価は、子どもたちに主体的に考えさせ、理解させる方向での授業の転換が求められているにも関わらず、逆に伝統的な提示型の授業スタイルを強化することになったとの研究がある[3]。この点、報告が重要視している、評価される者の改善の期待される点を日常的に点検していこうとする形成的評価やプロセス評価はとりわけ強力である。

　だから、教員評価に関する議論を専門技術的なものにしてしまうのではなく、教育についてのより大きな議論の中に位置づけて行くことが不可欠なのである。子どもたちにどのような教育を望むのか、授業はどうあるべきか。父母・保護者や地域の人々、子どもたちをもまきこんだ教育づくり、学校づくりの話しあいと努力のなかで、どのような教員評価であるべきかも徐々に明らかにされるべきものであろう。それは、ほんとうの意味での「開かれた学校づくり」とセットになった、教師の教育専門家としての成長のための教員評価である。

　残念ながら、報告の言う「能力開発型」教員評価制度においては、評価の基準は教師にとって頭の上から示されるもので、それに教育活動をあわせていくものとなっているようである。教師が成長し、資質能力を高めるということは、一つの学習に他ならない。学習が効果的に行われるためには、主体的に学ぼうとする意欲が必要であり、内面的な動機づけに基づくものであることが条件となろう。教師の資質能力向上を目的とする教員評価の研究で、それが成功するかどうかは評価の基準、内容、方法全般にわたって、制度づくりの過程に教職員が十分に参加したかどうかで決まると言われるのは、このことが大きな理由である。

　報告の言う「自己申告制度」も、従来の一方的な査定や順位づけと映る勤評から脱却する双方向的な仕組みであるとは必ずしも言えない。報告の中では、管理職の学校経営目標イコール学校の組織目標であり、その枠内での教師の自己目標設定という図式がたびたび強調されている。

自己申告制度が教師にとって主体的であると言えるのは、学校の組織目標についての根本的な議論が十分に行われている場合だけである。しかし、東京都では逆に、職員会議の補助機関化、主幹制の導入など、校長のリーダーシップの確立という名目のもとで、上意下達的な学校経営組織が追求されている。学校の教育目標や方針について発言し、ともに考えあう過程が奪われていては、「自己申告制度」がオブラートにつつんだ強制と受けとめられてもしかたがない。

　子どもや父母・保護者による教員評価の位置づけについて、報告は「中間のまとめ（論点整理）」より慎重な姿勢を示し、「業績評価に直接連動させるのではなく、主として教員の授業等の改善のための参考意見として活用すべきである」とした。子どもや父母・保護者による評価の結果を給与などの処遇と直接連動させないことは正しいことだろう。だが、それは、学校や教育のあり方や教師の資質能力や力量についての議論に子どもや父母・保護者が参加することを否定することではない。報告は、教育委員会が編制する教員の能力開発プログラムについて述べているが、子どもや父母・保護者には、そのようなプログラムと連動した基準による教員評価の結果を知らされるにとどまるのではなく、学校と教師にはどのような教育実践が望まれているかについての実質的な議論に参加し、発言する権利がある。

　それは、教師が子どもや父母・保護者、地域の人々とともに教育をつくる、学校をつくることにほかならない。それをなお教員評価という名称で呼ぶことが相応しいかはともかく、このような議論からこそ「全く性質の異なる」教員評価が生み出される可能性があるのではないだろうか。その可能性を実践的・研究的に追求することは、こんにちの教師と研究者にとって、きわめて重要な課題になっているのである。

　本書の主題は次の二つである。
　一つは、「能力開発型」教員評価という問題提起をどう受けとめるかである。諸外国における教員評価の政策と研究の動向にも、教師の職能成長を主な目的とする教員評価制度への方向転換をみることができるが、

現実の政策には教師の専門的力量に関する知識の裏づけが伴っていないことが多いとの指摘がある[4]。この指摘も踏まえ、どのような教師の実践と専門性が前提とされているかに注目して、「政策としての評価」の批判的な検討を行いつつ、教師の教育専門家としての成長のための評価の理論を探求すること、これが第一の主題である。

　もう一つの本書を通じての問題意識は、教員評価、さらには学校評価に子ども、父母・保護者、地域社会がどのように関わるかということである。高知県では数年前から児童・生徒による授業評価が実施されており、こうした実践には、評価を契機として、子ども、父母・保護者、地域住民による主体的な学校参加につなげていく可能性をみいだすことができる。しかし、「生徒、父母・保護者の声を聴き、一緒に学校をつくっていこう」とすることの一環としての評価の意義を理屈では理解しながら、なお割り切ることができない教師と学校現場のディレンマは大きい。

　「政策としての評価」は、それとは異なる理念に基づく評価実践が発展する可能性を狭めてしまうことがある。研究と実践の両方において、いま求められているのは、「政策としての評価」を全面的に否定することではなく、その内包する矛盾を正確にとらえたうえで、「能力開発型」教員評価や子ども、父母・保護者、地域住民による評価への関わりといった発展的契機をうけとめ、オルタナティブとしての評価をつくりだすことであろう。

　本書は、教員評価の理念と政策をめぐって、日本とイギリスの間を往復する内容となっている。この作業を通じて、「開かれた学校づくりとしての評価」のより実践可能な理念に少しでも近づきたいと考える。

---

(1) Murnane,R.J. & Cohen,D.K.(1986) Merit pay and the evaluation problem, *Harvard Educational Review*. Vol.56.
(2) Little, J.W. (1993) Teachers' professional development in a climate of educational reform, *Educational Analysis and Policy Evaluation*, vol.15.
(3) Milner, J.O.(1991) Suppositional Syle and Teacher Evaluation, *Phi Delta Kappan*, vol.72, No.6.
(4) 日本ユネスコ協会連盟監訳『ユネスコ編　世界教育白書　1998　変革期の世界における教員と教授法』（ぎょうせい、1998年）74ページ。

1章

# 教員評価政策の動向と諸問題
―東京都の教員人事考課制度を中心に

## はじめに

　文部科学省は2001年1月、前年末の教育改革国民会議報告を受けて、「21世紀教育新生プラン」を発表した。そこでの政策課題の一つは「教師の意欲や努力が報われ評価される体制をつくる」というものであったが、これが意味するのは「教師の評価をその待遇などに反映させる」(教育改革国民会議報告)ことにとどまるものではない。具体的な施策内容をみればわかるように、それは任用や研修についても、評価によって把握された教師の意欲や能力、業績に基づいて行おうというものであり、教員評価を基礎として、能力主義・業績主義に貫かれた包括的な教員人事管理制度の構築をめざそうとするものである。

　このような教員人事管理制度の導入が進められていることの背景には、2006年度に大規模な公務員制度改革が予定されていることがある[1]。2001年12月に閣議決定された「公務員制度改革大綱」は、「行政ニーズが複雑高度化、多様化してきている中で、公務員が国民の期待にこたえ、真に国民本位の良質で効率的な行政サービスを提供する」ための人事制度改革を目的に掲げていた。そして、その目的を実現するために、新たに「能

力等級制度」を導入して、「能力や業績を適正に評価した上で、真に能力本位で適材適所の人事配置を推進するとともに、能力・職責・業績を適切に反映したインセンティブに富んだ給与処遇を実現すること」などの提案を行っていたのである。

「21世紀教育新生プラン」に先立ち、文部科学省（当初は文部省）は2000年度からの3ヵ年計画でいわゆる「指導力不足教員」への対応を主な内容とする「新しい教員の人事管理の在り方に関する調査研究」を都道府県と政令指定都市の教育委員会に委嘱してきたが、続いて2003年度からは教員評価制度に関する調査研究を全国で開始させている。この間、2001年6月には「指導を適切に行うことができない教員」をいったん免職し、教員以外の職へ転職させることを可能にする法律改正（地方教育行政の組織及び運営に関する法律47条の2）も実現させた。このような文部科学省によるイニシアチブのもとで、現在、各地で新しい教員人事管理制度の整備と教員評価制度の導入に向けた準備が進められている。そこでは、全国に先駆けて2000年度から実施されている東京都の教員人事考課制度に注目が集まるのは自然なことであろう。

## 1　教員評価政策の動向

アメリカやイギリスでは1980年前後から、教員評価とその結果を利用した「業績主義給与」（メリットペイ）を導入しようという政策動向が目立つようになった。まず、日本での教員評価をめぐる政策や研究にも少なからぬ影響を与えている、こうした諸外国の動向を簡単に振り返っておくことにしよう[2]。

当初、アメリカ各州で試みられた教員評価制度は、市場競争原理をストレートに適用したものが多く、相対評価による教師の格付けを主な形態としており、業績主義給与によって教師間に競争を持ち込むことで、教育活動の質が高まるという信念に基づくものであった。しかし、このような教員評価と業績主義給与の導入の試みは、おおむね失敗に終ったと言ってよい。それは、次のような理由によるものとされる。

メリットペイは個人間の競争を助長し、職務上の協同性を脅かす。個人の業績に基づく報酬を与えることは、その個人にとっての最善への動機づけにはなるが、他者にとっての利益を助長する動機づけにはならない。ロウラー（E. Lawler）は、個人を単位とした報奨制度がうまくゆくのは、（a）職務内容がきわめて単純で明確に規定でき、容易に評価可能なものであり（たとえば、出来高払いの仕事や販売）、かつ（b）組織の性格が労働者の自由裁量や協同を必要としない場合というごく例外的な状況に限ると結論している。これは、明らかに、公教育における教師の職務と学校組織にあてはまるものではない[3]。

「優れた教師」「普通の教師」「劣った教師」を相対的に評価するための基準は、いきおいあいまいなものとなり、評価プロセスに評価者の主観や恣意が入り込まざるを得ず、当事者間の不信と不満を高めることになった。また、競争的な労働環境や報奨が職場の協同的な同僚関係を損ない、教師のモラールをかえって低下させることになったり、試験成績をあげるための授業が行われたりするなど、子どもたちの教育に様々な歪みをもたらすことになった事例も報告されている[4]。

このような失敗を経て、アメリカにおける教員評価は競争的性格を薄め、教師の資質向上政策の一環という新たな制度論理のもとで打ち出されるようになっている。学力水準の底上げを図り、新しいカリキュラムと教育方法を効果的に導入するためには、学校組織の再編と教師による新しい知識や技能の習得が不可欠であるとされる。この教師に求められる知識と技能の明確化を図り、その習得度の評価結果に応じて報奨を与えようというのが、教師の資質向上政策として再定義された教員評価である。現在のアメリカにおける教員評価の主流は、このように優れた教育活動の基準化を図り、相対評価ではなく絶対評価によって、専門的な知識と技能に基づく教員の職務遂行能力（competence）を評価対象とするものになっているのである[5]。

こうした政策動向に対応して、それを理論的にリードしようとする研究もあらわれている。たとえば、「職務遂行能力の評価を基礎とする給与制度（competence-based pay）」を提案する、米国の教育財政学者オッデン（A.Odden）がそうである[6]。オッデンによれば、まず教師の教育実践は、すべての生徒の成績を高い水準に到達させるために決定的に重要な意味をもつ、知的に複雑かつ多面的な活動としてとらえなおされなくてはならない。そして、そのような教師の教育活動の質と水準を詳細に記述し、評価することができるように、明確に定義づけられた「外的基準（external criterion）」の策定が求められる。教師は、新採用時から教職キャリア全体を通じて、この外的基準にもとづいて評価され、より高い基準に到達するよう奨励されなくてはならない。
　また、評価結果として示される教師の専門職としての水準は、給与等に反映されるが、それはメリットペイのように教師間の比較によるものではない。

　　教師の業績を重大な決定（給与、昇任、免許更新、停職）に反映させる従来の試みは、学校ないし学区における優秀あるいは最善の教師を選抜するのに、集団に準拠した方法をとるものであった。しかるに、新たな試みは、高度で厳密な専門的水準を定めたうえで、それを満たす知識、実践的技術、資質を持つ教師と持たない教師を明らかにする、目標に準拠した方法によるものである[7]。

　オッデンは、このような教師の専門的知識・技術と資質についての外的基準にもとづいた総括的判断を給与等の処遇に反映することは、「確たる根拠をもった、教師も心理的に納得しうる方法」[8]であるとも述べている。つまり、教師の専門的知識・技術や資質の評価方法としての「目標に準拠した方法」は、その目標＝評価基準に即した教師の資質向上や能力開発を可能にし、促進するとともに、給与等の処遇への反映も競争主義的な性格を免れ、客観的かつ公正なものとなるというのである。しかし、このような「職務遂行能力の評価を基礎とする給与制度」論は、次のよ

うな点で疑問を生じさせる。

　第一の点は、教師の専門性の基準が、教師の教育活動についての新しい理解に直接依拠して策定されるべきであるとされていることに関わっている。たしかに、教師の専門性を高めるための評価は、何よりも教師の実践についての研究成果にもとづくものでなくてはならないであろうし、そうした研究が蓄積されてきてもいる。しかし、優れた教師や教育実践についての研究と教師の能力開発との関係は、ここで想定しているほど、「直接的」なものだろうか。まさにこのような研究が明らかにしているように、教師の教育活動が知的に複雑で多面的なものであるならば、一律的な基準によって、教師の専門的力量と実践の質を高めるのは、容易ではない。教師は優れた教育活動についての研究成果とそこから抽出された基準を自らの実践に生かしていくことが必要だが、それはあくまでも研究成果を参照や比較の材料としながら、個別的文脈に即して、主体的・反省的に実践をとらえなおすことによってなされるのではないだろうか。

　第二に、教師が習得し、伸長させるべき知識や技能の前提として、特定の望ましい教育実践のあり方が所与とされていることである。「政策としての教員評価」においては、教育改革の中心的目標の実現にとって必要な、教師の資質や能力が評価の基準として定義されることになるであろう。こうした問題は、教師の専門性を技術主義的・他律的にとらえる傾向を示すものであり、結果的に教員評価を通じての教育実践統制の可能性を拡大することになるものである。新採用時からの教職キャリア全体を通じて、教師の専門的知識・技術や資質についての客観的基準に即して評価を行い、さらにその評価基準と連動した内容からなる研修が実施されるときには、教育改革の受動的かつ有能な担い手としての教師がつくりだされることに注意が向けられなくてはならないだろう。

　一方、イギリスでも、新自由主義的志向の強い保守党政権のもと、市場原理による公教育の再編を企図した教育改革が行なわれるなかで、キース・ジョセフ（Keith Joseph）教育科学大臣（在職1981年～1986年）が、勤務成績の給与への反映と成績不良教員の排除を目的とする勤務評定

制度の導入を図ったが、教師と教員組合からの強い反発を招き、結局、教師の職能成長とキャリア開発を主な目的として掲げた勤務評定制度が1991年に制度化されるに至った（4章を参照）。しかし、その後労働党への政権交替があり、教育雇用省が1998年12月に公表したグリーンペーパー（政策試案）『教師　変化の挑戦に応える（Teachers Meeting the Challenge of Change）』に始まる大規模な教員制度改革によって、教職の新たな専門職化とセットになった全国的なパフォーマンスマネジメント（performance management、職務遂行過程管理）と業績主義給与の仕組みが導入されている。アメリカと同様、学力水準の向上が全国的な教育改革目標として掲げられるなかで、教員評価はその目的を達成するための手段として位置づけなおされているのである（5章を参照）。

　日本に目を転じると、かつての全国的な勤評闘争をもたらした勤務評定制度は、文部省・教育委員会と日教組の対立構図のもとで、政治的・イデオロギー的な教員統制としての性格、そして学習指導要領・全国いっせい学力テストとの「三点セット」による、国家権力の教育統制としての性格が明らかであった。これに対して、現在の教員評価政策は世界の中で日本が生き残るための社会システム改革に不可欠な能力主義・業績主義という社会的潮流の一環として打ち出されており、教育問題としての本質がみえにくくなるという懸念がある。また、公立学校の閉鎖性や画一的教育に対する批判が勤評当時と比べて格段に強まっており、困難な教育課題がさまざまにあるなかで、こうした課題を克服するために必要な方策として、次のような形で一見論理整合的に打ち出されてくる教員評価に、一定の社会的支持が集まることもじゅうぶんに予想されることである。

　　現在、学校教育をめぐっては、いじめ、不登校などの教育課題が山積している。しかし、今日の学校は、これに対し適切に対応することに成功しているとはいえず、そうした状況を克服し、児童・生徒を豊かな生き生きとした学びの中に導くことが課題となっている。そのためには、学校を支える教職員が相互に連携・協

力しながら特色ある学校づくりを進め、学校全体の教育力を向上させることが求められており、そうした取り組みを支援する人事管理の仕組みの見直しが急務となっている。特に、人事管理の基本として、人材の育成を図り、能力開発にもつなげられる人事評価システムを整備し、活用することにより、学校全体の教育力の向上に資する多様な人事管理施策の展開が可能となるよう…(後略)(9)

しかし、米英の動向について述べたように、教育統制の手段としてみたとき、このような新しい教員評価と勤務評定の間にさほど大きな違いがあるとは思えない。かつて勤評の本質的問題は、それが「法的拘束力ある職務上の監督となり、教師の教育活動にそれが及ぶことは、教育基本法10条1項による教育への「不当な支配」の禁止と教師の教育権保障に反する」(10)ことにあると指摘されていた。現代の教員評価が教師の資質向上政策として表れており、法的拘束力ある監督としての性格を弱めているようにみえても、教育活動を実質的に方向づけ、統制するものであるならば、それはやはり「不当な支配」にあたると言わざるを得ないだろう。

## 2 教員人事考課制度の諸問題

### (1) 政策形成過程における「開かれた協議」

東京都では、1999年12月16日に「東京都立学校教育職員の人事考課に関する規則」(平成11年 東京都教育委員会規則第109号) 及び「東京都区市町村立学校教育職員の人事考課に関する規則」(同第110号) が制定され、2000年4月1日から施行されている。これに伴い、従来の「東京都立学校及び区立学校教職員等の勤務成績の評定に関する規則」(昭和33年 東京都教育委員会規則第9号)、いわゆる「勤評」規則は廃止され、東京都で働くほぼすべての教員を対象として「職員の資質能力の向上及び学校組織の活性化を図ることを目的」に「能力と業績に応じた適正な人事考課」(規則第1条、以下「東京都立学校教育職員の人事考課に関する規則」については単に条項のみを記す) が実施されることになった。

序章で述べたように、教員人事考課制度の導入に至る出発点は、1998年7月に教育長の私的研究会として「教員の人事考課に関する研究会」が発足したことであった。これは、延べ10回の研究会（他に3回ずつ二つの分科会）を開催し、同年12月の「中間のまとめ（論点整理）」を経て、1999年3月に「これからの教員の人事考課と人材育成について－能力開発型教員評価制度への転換－」と題する報告を提出した。

　続いて1999年7月には、東京都教育庁に「教員等人事考課制度導入に関する検討委員会」が、「研究会」の「報告を踏まえ、能力と業績に応じた新しい教員人事考課制度とその導入に向けた課題を検討するため」（同委員会設置要綱）に設置された。教育長が任命又は委嘱した都教育庁職員9名、区市町村教育委員会教育長4名、都内公立学校長5名の委員からなり、委員長を教育庁次長が務めるという構成であった。委員会は、第一回会議で合意された検討課題とスケジュールに従い、以降計11回の会議を開催、この間に「中間まとめ」を10月、「教育職員の人事制度について」を12月にそれぞれ報告している。さらに委員会は、教員人事考課の実施上の諸課題について検討を続け、その結果を2000年3月に「教育職員の人事考課の実施に向けて」にまとめて解散した。

　この間、教員人事考課制度の目的と内容が徐々に明らかになるにつれて、反対や疑問の声が少なからず表明されるようになった。なかでも東京都教職員組合、東京都障害児学校教職員組合は、当初から数々の問題点の指摘を行ない、規則化反対の意志表明、制度実施凍結の申し入れや要請活動などを展開した[11]。そこで指摘されていた問題点の一つに、制度導入の進め方に関するものがあった。すなわち、教職員組合側はILO・ユネスコ「教員の地位に関する勧告」（1966年）124項「給与決定を目的としたいかなる勤務評定制度も、関係教員団体との事前協議およびその承認なしに採用し、あるいは適用されてはならない」を一つの根拠に示して、一方的・強行的に制度化を図ろうとする都教委を批判し、「開かれた協議」の実現と協議過程への参加を要求したのである。これに対して、都教委側は「勧告自体は、国内法等を拘束するものではないとするのが文部省見解である」として、一貫して拒否の姿勢を取り続けた。

さらに都教委は、群馬県高教組勤評反対闘争事件控訴審判決（東京高裁昭和63年11月5日）を引いて、「勤務成績の評定は、職員が一定の勤務条件の下で一定の期間勤務した実績について評定し、記録するものであるから、勤務条件と考えることはできない」とし、教員人事考課に関する協議は団体交渉事項ではないとしている。しかし、勤評が勤務条件にあたるかどうかについては、判例でも判断が分かれている上に、東京都の教員人事考課制度のように考課結果を給与に反映させることを前提としている場合、これを単なる実績の評定と記録ということはできず、当然に勤務条件にあたると考えられるのではないだろうか。さらに、この教員の労働権保障という観点に加え、教員人事考課のような、教育活動に大きな影響を及ぼす教育政策決定への参加は教師と教職員組合に積極的に認められるべきものである。この点についても、「教員の地位に関する勧告」は「教員団体は、教育の進歩に大きく寄与しうるものであり、したがって教育政策の決定に関与すべき勢力として認められなければならない」（9項）としている。

## （2）自己申告制度と能力開発プログラム

　東京都の教員人事考課制度は、自己申告と業績評価から構成されている（第2条1項）。このうち自己申告は「職員が校長が定める学校経営方針を踏まえて自ら職務上の目標を設定し、その目標についての達成状況について自己評価する」（第2条2項）ものであり、毎年度、4月1日、10月1日、3月31日を基準日として教育長が定める自己申告書に基づき実施することとされている（第4条1項、5項）。教諭の自己申告書（職務について）によれば、「学校経営方針に対する取組目標」と「昨年度の成果と課題」を踏まえ、「学習指導」「生活指導・進路指導」「学校運営」「特別活動・その他」の4項目について、「今年度の目標」と「目標達成のための具体的手だて」を4月1日時点で当初申告、10月1日時点で追加・変更し、3月31日時点で成果と課題を最終申告することになっている。

　また、10月1日時点で提出する自己申告書（異動及び能力開発・活用について）は、これまでの異動希望調書に代わるものであり、「校務分掌

経験及び希望」「活用して欲しい能力・経験」「研修歴」「自由意見」「所有する免許状」「教職歴」「異動について」などから構成されている。教育長は自己申告書を「職員の能力、適性、異動希望その他の人事情報を的確に把握し、職員の育成、異動、その他の人事管理を行なうための基礎資料とする」（第4条4項）ものとしている。

　米英における教員の資質向上政策としての教員評価制度においても、自己評価・自己申告は重要な構成要素として注目されている。学校と自分の教育実践をじっくり反省し、自己評価によって改善の手だてを講じることのできる機会は、教師の力量形成や成長にとって不可欠であり、それ自体が有意義な研修活動である。その場合、教師の自己評価・自己申告が文字どおり自主性、主体性を基本とすべきものであることは言うまでもない。ところが、東京都の自己申告制度では、教師による目標の設定と自己評価はあくまでも管理職の学校経営目標の枠内で行われるものとされており、実質的に「行政施策と管理職の学校経営目標への同調の自主性、主体性」となるのではないかと考えられる。

　さらに、「能力開発型」教員評価への転換を掲げる人事考課制度として、評価結果と連動した教師の人材育成の観点から提起されている能力開発プログラムも大きな問題をはらんでいる。委員会は、教職経験に応じて求められる能力や役割が異なることから、それぞれの段階に応じた能力開発プログラムが求められ、「校長・教頭が、評価結果に応じて、個々の教育職員の育成課題に適した研修を受講するよう指導助言していく」ものとしていた。具体的には、既存の指定研修である初任者研修、現職研修Ⅰ部（5年に達したもの）、同Ⅱ部（10年に達したもの）に加えて、同Ⅲ部（15年から20年に達したもの）と主任研修を新たに設置したり、一般研修をキャリアアップ研修Ⅰ～Ⅲとして体系化を図ったりするなど、従来の行政研修の整備・拡充が主な内容である。その他に「指導力不足」教員を対象とした指導力ステップアップ研修の体系化も提起している。

　教師の研修は自主研修を基本として、教育行政にはこれを援助し、そのための条件を整備することが求められている（教育公務員特例法19条、20条）ことを考えれば、能力開発プログラムにみられるような行政研修

の整備・拡充にあたっては、自主研修の機会を実質的に制約することのないよう最大限の配慮が伴わなくてはならない。しかし、「校長・教頭が個人又はグループで実施する自主研修の内容について十分に把握・精査し、業績評価の結果に基づき教育職員に必要と認める研修を行なうよう指導する」という報告の記述からもうかがえるように、東京都の能力開発プログラムは教師の研修を行政研修の枠内に封じ込める結果をもたらしかねない。

　このように、東京都の教員人事考課制度の自己申告制度や能力開発プログラムは、特に教師の研修の性格と内容に関わって、重大な問題があると言わざるを得ない。教員人事考課制度が従来の一方的な評価を克服した「双方向的な」評価を目指すのであれば、自己評価を通じて明らかになった教師の諸要求（とくに、教育専門家として成長するために必要なこと）を行政が受けとめて、自主研修のための条件整備を積極的に図り、さらに行政研修内容の見直しにもつなげていく仕組みが保障されていなくてはならないのではないだろうか。

## （3）評価結果の処遇への反映

　さらに、教員人事考課制度には、評価結果を給与、昇任等に反映させることに関わる問題がある。「業績評価は、絶対評価及び相対評価により行う」（9条）ものだが、このうち絶対評価は「職員の業績を評価し、職員の指導育成に活用するために行うもの」であり、教頭が第一次評価者、校長が第二次評価者である（10条）。一方、相対評価は「職員の業績を当該職員の給与、昇任その他の人事管理に適切に反映させるために行うもの」とされ、教育長が実施し、その評価単位と配分率は教育長が別に定める（11条）。評価者は自己申告書を参考に、職員の業績を公正に評価し、教育職員業績評価書に記録するものとされている（12条1項）。第二次評価者である校長は、第一次評価者である教頭の評価結果、説明等を参考にして絶対評価を行ない、評価後直ちに評価及び当該評価結果に教育長が別に示す分布率を適用した資料を作成し、教育長に提出する。なお、教頭、校長は業績評価を行なうにあたって、主任から参考意見を求めることができる、とされた（12条4項）。

1章 教員評価政策の動向と諸問題

　教諭の教育職員業績評価書に即して、業績評価の具体的な内容についてみると、まず職種ごとに職務分類が考えられ、「学習指導」「生活指導・進路指導」「学校運営」「特別活動・その他」が評価項目とされている（自己申告と同じ）。この評価項目ごとに、能力、情意（意欲・態度）、実績の評価要素について評価が行われる。評価基準については、全校種、全職種共通にS（特に優れている）、A（優れている）、B（普通）、C（やや劣る）、D（劣る）の5段階としたうえで、職種ごとに要素別の具体的な評価基準、評語の理解、着眼点、さらに校種ごとに着眼点の具体的な事例が示されている。各評価要素の評価に基づく総合評価を5段階で行ない、その他に特記事項が記述される。評価期間は、勤評と異なり学年の初めから終わりまでとされた（6条、8条）。

　委員会報告では「給与、昇任その他の人事管理に適切に反映させる」ことの具体的内容についてはあいまいな記述にとどまっているが、研究会報告では、成績特別昇給にとどまらず、定期昇給の有無も評価結果によって決定すべきものとし、校長・教頭については既に導入されている勤勉手当ての成績率を全教員に拡大する方向も示唆していた。これは「教育職員のモラールの向上や学校組織の活性化を図るため」のものとされている。しかしこの点については、すでに言及した、外国における教員評価制度についての実証的研究の成果から、その効果が大いに疑問視される。

　またかつての勤評では、教師の教育活動に対しては専門的な指導助言権のみを有するものと考えられる校長の評定者適格性が問われていたが、東京都の教員人事考課制度では、新たに教頭を評定者とし、さらに主任の意見を参考にすることができるものとしている。教頭と主任についても、ほんらい「校内指導助言者」[12]としての性格が基本となるべきであるが、東京都の教員人事考課制度は評価者・評価補助者としての性格を付与することによって、指揮監督権を持つ管理職としての位置づけを明確化したものであり、この点にも、上意下達的な学校運営組織への改革を図る政策意図の徹底をみることができる。評価結果を給与や人事に反映させる限り、評価者の管理職者性を払拭することはできないのであり、

その分、教育専門的な立場から同僚教員の成長に寄与する指導助言者としての性格が弱められることは、じゅうぶん予想されることであろう。

**(4) 評価結果の本人開示と異議申し立て制度**

　東京都の教員人事考課制度では、教師本人から評価書の公開の申し出があった場合、「教育長が人事管理上支障がないと認めた部分について本人に対して公開することができる」(「東京都立学校教育職員の人事考課に関する規則」15条2項) と定められているが、この規定についてのみ、附則で実施が延期されたままになっている。また、評価結果に対する教師の異議申し立て権は制度上も認められていない。評価結果を本人が知ることができないのは、教員評価の目的として教師の意欲や専門的力量の向上を掲げ、教師の「能力開発」を強調して自己申告・自己評価を導入したことからすれば、不合理なことである。また、評価結果の本人開示は、人事評価に求められる「透明性」の確保という観点からも、不可欠なものである。同様に、異議申し立て権が評価される教師に与えられていないことは、「評価の客観性、制度の公正性を確保するうえで致命的欠陥といわざるをえない。」[13]

　ところで、2002年6月、全日本教職員組合は「『教員の地位に関する勧告』の適用状況に関するILO・ユネスコ共同専門家委員会」(以下「共同専門家委員会」)」に対して、政府・教育委員会による「指導力不足教員」への対応と東京都の教員人事考課制度が上述した「教員の地位に関する勧告」に違反しているとする、申し立てを行った。「共同専門家委員会」は、「教員の地位に関する勧告」の適用状況についてのレポートを3年ごとに公表するだけでなく、各国の教員団体から政府の「教員の地位に関する勧告」違反の申し立てがあった場合、事実調査を行い、適宜政府に対する勧告を行う機関である[14]。たしかに、「教員の地位に関する勧告」は条約ではなく、各国政府に対する法的強制力を持たないが、「各国の自発的な意志により実現を予定されるという点では条約以上に国際協調精神を信頼しているもの」[15]であり、不遵守は許されるものではないと考えられる。

　東京都の教員人事考課制度に関する申し立ての具体的な内容は、評価結

果の本人開示が実施されず、異議申し立て権が認められていないことが、「教員の地位に関する勧告」64項1「教員の仕事を直接評価することが必要な場合には、その評価は客観的でなければならず、また、その評価は当該教員に知らされなければならない」および同項2「教員は、不当と思われる評価がなされた場合に、それに対して不服を申し立てる権利をもたなければならない」に違反するというものである。

　また、上述のように、教員人事考課制度の導入にあたって、東京都教育委員会が教職員団体との交渉に応じなかったことが、9項「教員団体は、教育の進歩に大きく寄与しうるものであり、したがって教育政策の決定に関与すべき勢力として認められなければならない」と124項「給与決定を目的としたいかなる勤務評定制度も、関係教員諸団体との事前協議およびその承認なしに採用し、あるいは適用されてはならない」の不遵守にあたるという主張を行っている。

　全日本教職員組合からの申し立てを受けた「共同専門家委員会」は、2000年版レポートにおいて、すでに各国の教員評価制度のなかには「妥当性の点で疑わしい」ものがありうると懸念を示しており、「教員の地位に関する勧告」が教師の仕事に対する評価を認めている一方で、64項を規定していることに改めて注意を喚起していた。そして「ヨーロッパ各国での経験が示唆するのは、教育行政官によって強制された評価システムはうまくいかないということである。対照的に、制度が当事者すべての参加によって発展させられたとき、その結果はより肯定的なものである」[16]と述べている。教師が資質能力を高めて、教育の専門家として成長するということは、一つの学習に他ならないのであり、学習が効果的に行われるためには、主体的に学ぼうとする意欲と内面的な動機づけに基づくものであることが条件となろう。教師の資質能力向上を目的とする教員評価の研究で、それが成功するかどうかは評価の基準、内容、方法全般にわたって、制度づくりの過程に教師集団が十分に参加したかどうかで決まると言われるのは、このことが大きな理由である。

　教育改革における教師の積極的な役割の重要性は、「共同専門家委員会」独自の見解ではなく、現代の教育と教育改革に関する新しい国際基準とし

て認められたものである。たとえば、2000年4月に世界181ヵ国の政府代表（日本からは有馬朗人元文部大臣が参加）、31の国際機関、関連NGO団体が集まり、セネガルで開催された「世界教育フォーラム」で採択された「行動のための枠組み（Framework for Action）」は、教師は質の高い教育の推進の不可欠な担い手であり、「いかなる教育改革も教師が自分のこととして積極的に参加するのでなくては成功しない」[17]（69項）と明記している。東京都の教員人事考課制度をはじめとする教員評価政策は、こうした国際基準に照らしても、正当性を擁護しうるものではなくてはならないだろう。

## 3　教員人事考課制度の効果

　それでは、東京都の人事考課制度は実際に制度目的をどの程度達成しているのだろうか。東京大学（当時）の浦野東洋一教授が東京都の公立学校の校長と教師を対象に、2001年12月から2002年1月に実施した「『開かれた学校』づくり等についてのアンケート調査」（以下、「調査」）をデータとして、現時点での効果ないしは影響を検討することができる。「調査」の内容は多岐にわたるが、ここでは、そのうち教員人事考課制度とそれに関連する部分のみを用い、「調査」結果に表れた、校長と教師の認識の違いに着目しながら、導入3年目を迎えた教員人事考課制度の効果の検証を試みることにしたい[19]。

　右頁の表1は、教員人事考課制度が目的としている「職員の資質能力の向上及び学校組織の活性化を図ること」に関わる項目について、校長と教師の回答結果を示したものである。「調査」では、各項目について、「わからない」「そうは思わない」「あまりそう思わない」「どちらともいえない」「ややそう思う」「そう思う」の選択肢から一つを選ぶことを求められているが、表1では「そうは思わない」と「あまりそう思わない」の計、「ややそう思う」と「そう思う」の計をそれぞれ「否定的」、「肯定的」とし、「わからない」を省いて簡略化した。

　ここからわかるように、教員人事考課制度の効果として、教師の意欲

## 表1　東京都の教員人事考課制度の効果

＊人事考課制度によって、教員のもっとがんばろうという意欲が高まっている

|  | 肯定的 | どちらともいえない | 否定的 |
| --- | --- | --- | --- |
| 校長 | 32.2% | 42.2% | 24.5% |
| 教員 | 8.9% | 15.7% | 74.8% |

＊人事考課制度は、教員の専門的な力量の向上（職能成長）に役立っている

|  | 肯定的 | どちらともいえない | 否定的 |
| --- | --- | --- | --- |
| 校長 | 38.1% | 40.5% | 20.7% |
| 教員 | 9.4% | 16.3% | 73.5% |

＊人事考課制度は、学校経営の改善に役立っている

|  | 肯定的 | どちらともいえない | 否定的 |
| --- | --- | --- | --- |
| 校長 | 62.3% | 27.9% | 9.2% |
| 教員 | 12.5% | 16.1% | 69.6% |

向上、教師の専門的力量の向上、学校経営の改善を肯定的に捉えている教師は、いずれも1割程度にとどまり、逆に否定的な教師が7割近くを占める。すなわち、教員人事考課制度の目的とされる効果について、教師の受けとめ方の大勢は否定的である。他方、校長では肯定的な捉え方が増えているものの、いちおう明確に肯定的といえるのは学校経営の改善だけであり、意欲向上と専門的力量の向上については、曖昧な結果が示された、といえる。たしかに、校長では肯定派が否定派を上回るものの、その開きは教師の否定派と肯定派の差ほど大きいものではないし、いずれの項目についても否定的な回答が2割を超えており、「どちらともいえない」の回答が4割に達していることを見過ごすべきではないだろう。

　そうすると総体的にみて、東京都の教員人事考課制度が教師の意欲と資質能力の向上に貢献しているとはいいがたい。両者については、教師自身がどう受けとめているかが重要だが、とくに意欲向上については、「あなた自身日頃の努力が報われ、意欲（モラール）が高まったと思いますか」という別の問いに対して、教師の33.1％が「あまりそう思わない」、49.6％が「そう思わない」と回答していることからも、現時点で教員人事考課制度は教師の意欲向上をもたらしていない、といっても誤りではないだろう。そのうえで、教師の回答と校長の回答の差については、「意欲」や「専門的な力量」の捉え方の違いが一因であるように推測できるが、この調査結果から、それを直接確かめることはできない。校長が向上したとみている、教師の「意欲」や「専門的な力量」とはどういうものかを聴き取り調査などによってさらに明らかにする必要があるだろう。

　また、校長の「どちらともいえない」と否定的な回答の計が6割を超えることについては、校長自身の「評価される側」としての経験と関係があることが推測される。東京都では、1995年度から教育管理職の自己申告・業績評定制度を導入したが、これによって、「あなた自身の日頃の努力が報われ、意欲（モラール）が高まったと思いますか」の問いに、校長の肯定的な回答が44.0％に対し、否定的な回答は45.2％であった。校長の自己申告・業績評定制度と教員の人事考課制度では、制度論理が基本的に同じであるから、半数近い校長が自分自身評価されることによって意

欲が高まったと考えてはいないことは、教員人事考課制度と教師の意欲向上との関係をどうみるかということにも影響を及ぼしていると考えられるのではないだろうか[20]。

　他方、教員人事考課制度が学校経営の改善にもたらす効果については、肯定的な校長と否定的な教師という、かなりはっきりした構図が示された。この点についても、「学校経営の改善」を校長と教師がどういうものとして捉えているかを明らかにする必要があるが、「調査」で職員会議の実際と理想像を尋ねた結果が参考になる。たとえば、職員会議の機能ないし役割のうち、「学校運営についての重要な決定や判断をおこなうこと」については、校長では「強く期待する」と「期待する」の計が39.8％であるのに対し、教師では88.4％と大きな違いが表れた。それでは実際にはどうかという問いに対して、「強く機能している」と「まあ機能している」の計が校長の62.4％に対し、教師は65.6％である。校長、教師ともに6割以上が、職員会議は「学校運営についての重要な決定や判断をおこなう」場として実際に機能しているとみており、現状認識に差はないのである。

　すでにふれたように、東京都では、1998年7月に学校管理運営規則の改訂を行い、職員会議を補助機関として位置づけたり、さらに管理職選考制度の改革や「主幹」制度の導入を決定したりするなど、「校長のリーダーシップの確立」を図るための施策が進められてきた[21]。「東京都公立学校の管理運営に関する規則の一部改正について（通達）」（10教学高第345号、平成10年7月17日）は、改正の趣旨について「校長がすべての校務について決定権を持つことから、職員会議はあくまで補助機関」であると明言していた。そのうえで、「もとより、校長には、日頃から所属職員との円滑なコミュニケーションが求められており、校長は、職員会議が補助機関であることを踏まえた上で、職員会議の場を活用することなどにより、所属職員の建設的な考え方や意見を聞き、それを学校運営に生かす必要がある」と述べ、職員会議の機能は次の3点であるとする。

　ア　校長が学校の管理運営に関する方針等を周知すること。

イ　校長が校務に関する決定等を行うに当たって、所属職員等の意見を聞くこと。
ウ　校長が所属職員等相互の連絡を図ること。

　この通達に照らせば、職員会議が「学校運営についての重要な決定や判断をおこなう」機能を果たしているのは、規則に反することになるが、実際には学校管理運営規則改定後も「ほとんどすべての学校では、ごく自然なこととして職員会議が従前同様の重要な位置づけをもって機能している」という指摘がある[22]。こうした現状をどう捉え、職員会議の機能を含む、学校経営の理想像をどうみているかは、教員人事考課制度と学校経営の改善の関係についての認識と深く関わっているだろう。職員会議の「学校運営についての重要な決定や判断をおこなう」機能について、校長は現状より低下することを望んでいることからすると、校長にとって、教員人事考課制度の効果とされている学校経営の改善もそういうものであると推測できる。つまり、学校管理運営規則改正の趣旨に即して、「校長のリーダーシップ」を確立するのに、教員人事考課制度が有効であるということである。

　以上をまとめると、次のように言うことができるだろう。教員人事考課制度の目的とされる「職員の資質能力の向上及び学校組織の活性化を図ること」のうち、教師の資質能力の向上については効果を認めることはできない。また、学校組織の活性化については、「校長のリーダーシップの確立」にとって効果が認められるということである。しかし、後者については、「校長のリーダーシップの確立」された学校経営のあり方が、「校長の独任的・独裁的学校運営」[23]として批判的にとらえられることも少なくない。また、多くの教師が教職員参加型の学校経営を望ましいと考えていることからすれば、教員人事考課制度が貢献する学校経営の改善は、かえって学校経営をめぐる葛藤を強める要因となることも予想される。このことと、教員人事考課制度によって意欲が高まったとする教師が1割に満たないことをあわせて考えれば、学校組織の活性化への効果についても疑問が残る、といえよう。

## 4　もう一つの重要な問題

　表2（P.32）は、同じ調査で東京都の教員人事考課制度について改善すべき点をたずねた結果を示している。圧倒的多数の教師は、本人開示と異議申し立て権が認められることを望んでいる。やはり、評価結果の本人開示と異議申し立て制度は、教師にとって受け入れることのできる教員評価制度であるために不可欠な要素である。一方で、校長の回答をみると、否定的な校長が多いものの、教員人事考課制度の効果についてと同様、「どちらともいえない」という回答も3割以上で看過できる割合ではない。ある校長はアンケートの自由記述欄に次のように回答していた。「校長としてもＤ、Ｆの見当はついてもＡ～Ｃの判定基準はまったく不明。従って、人事考課制度による業績評価は期待していない。」[24]つまり、校長自身が評価に自信が持てないでいるのである。このことは、評価者訓練の改善という問題を浮かび上がらせるだけではない。評価基準を中心として、制度そのものの抜本的な再検討がなされなければ、たとえ評価結果の本人開示が行われ、異議申し立て制度が整えられたとしても、東京都の教員人事考課制度が目的としていたような効果を生じさせることは困難であると言えるだろう。

　表2が示す、もう一つの興味深い点は、教員人事考課の過程に保護者や子どもの意見を反映させることについて、校長、教師ともに否定的な認識が強いことである。教師の意欲と専門的力量の向上という効果が疑問とされ、評価結果の本人開示がなされず、異議申し立て制度がない教員人事考課制度を前提として、このような回答が示されたのは、当然のことであろう。しかし、教師は教育に関する責任を直接子ども、保護者に対して負っているという原理的な観点からすれば、教育の質と密接な関連をもつ教員評価が子どもや保護者にまったく閉ざされてよい理由があるとはいえない。

　この点について、「教員の人事考課に関する研究会」の報告書「これからの教員の人事考課と人材育成について－能力開発型教員評価制度への

## 表2　東京都の教員人事考課制度について改善すべき点

**＊業績評価の結果は本人に開示されるべきである**

|  | 肯定的 | どちらともいえない | 否定的 |
|---|---|---|---|
| 校長 | 27.7% | 33.8% | 37.4% |
| 教員 | 83.0% | 11.7% | 4.4% |

**＊業績評価の結果は開示された上で、本人の異議申し立て権が認められるべきである**

|  | 肯定的 | どちらともいえない | 否定的 |
|---|---|---|---|
| 校長 | 17.8% | 33.4% | 46.5% |
| 教員 | 75.1% | 16.8% | 6.3% |

**＊人事考課のプロセスにおいて、保護者の意見が求められ、参考にされるべきである**

|  | 肯定的 | どちらともいえない | 否定的 |
|---|---|---|---|
| 校長 | 22.8% | 28.4% | 46.8% |
| 教員 | 14.7% | 31.2% | 52.0% |

**＊人事考課のプロセスにおいて、児童（高学年）・生徒の意見が求められ、参考にされるべきである**

|  | 肯定的 | どちらともいえない | 否定的 |
|---|---|---|---|
| 校長 | 23.3% | 28.9% | 46.3% |
| 教員 | 15.7% | 30.7% | 51.8% |

転換－」のなかでは、子ども、父母・保護者による教員評価の位置づけについて、「業績評価に直接連動させるのではなく、主として教員の授業等の改善のための参考意見として活用すべきである」としていた。この提言は、極めて大きな重みを持つものとして受けとめられなくてはならない。教師が教育専門家として成長し、教育実践の質を高めていくことに、子ども、父母・保護者、地域住民がどのように関わるべきかという問題である。

　表2をみると、教員人事考課の過程に保護者や子どもの意見を反映させることについて、わずかだが教師よりも校長の方がより肯定的な姿勢を示していた。これは、学校評議員制度などを通して保護者や地域からの外部評価を受け入れる窓口が、ほとんどの場合、校長に限られていることと関連しているのではないだろうか。子ども、父母・保護者の教育実践改善の要望が校長を経由して間接的に教師に伝えられるのでは、子ども、父母・保護者と教師の間で信頼関係に基づく、本質的な教育議論を生み出す契機が失われてしまう。また、子ども、父母・保護者の要求のうち、行政施策や教職員参加によらずに策定された学校教育目標の枠のなかに収まるものが選別されて、教師に伝えられることもありうる。子ども、父母・保護者の意見が「合意を巧妙につくりだす（engineer consent）」ために利用されうるのである。

　子ども、父母・保護者、地域住民の教育実践に対する意見や要望は、とりあえずはアンケートやチェックリストによる評価の形をとるにしても、直接教師に届けられ、それを材料にした対話の契機とされるべきであろう。教師は、直接子どもや父母・保護者からの批判や励ましに接することで、意欲や努力が報われたと感じることが多いであろうし、逆に実践の欠点を反省し、改善するための具体的な目当てをつかむこともできる。教員評価の目的が教師の教育専門家としての成長と教育実践の質の向上であるならば、これほどその目的に貢献することはないのではないだろうか。当然、このような要望はさまざまであり、それ自体、葛藤や矛盾を含むものである。教師と学校に対する感情的中傷や利己的要求が寄せられることもしばしばである。しかし、このような葛藤や矛盾を乗り越えたところに、

「地域社会にとっての共通の価値を促進し、より民主的な学校を作りだすために、教育専門家と市民が協同する可能性」[25]がある。

　教師が子ども、父母・保護者の意見や要望に積極的に耳を傾け、それに誠実に応えようとするのは「専門職としての応答責任（professional answer-ability）」[26]というべきものである。この「専門職としての応答責任」という理念からは、教育実践の目的と過程、質についての対話を教師自身が子ども、父母・保護者、地域とともに行うという、民主的で協同的な教員評価のあり方が導き出されるだろう。それは、教育行政機関によって示された基準に即して、教育活動を自己点検・評価し、管理職による業績評価を受けるという、「行政・管理機関へのアカウンタビリティ」に基づく「政策としての教員評価」に対するオルタナティブとして、実践＝理論的にさらに発展させなくてはならないものである。

(1) 最近の主な政策文書として、内閣総理大臣と総務大臣の諮問機関「公務員制度調査会」による「公務員制度改革の基本的方向に関する答申」（1999年3月）、総務庁長官から検討を要請されて設置された「人事評価研究会」の報告書（2000年5月）、人事院に置かれた「能力、実績等の評価・活用に関する研究会」の報告書（2001年3月）、旧自治省に置かれた「地方公務員制度調査研究会」の報告書（1999年4月）がある。
(2) 諸外国における教員評価の動向についての詳細は、次の論文・著書などを参照。中田康彦「外国の教員人事考課はどうなっているのか　アメリカの事例」『季刊　教育法　総特集　東京都の教員人事考課制度』第124号（エイデル研究所、2000年）。小川正人「教員の職能成長と教員評価」浦野東洋一・堀尾輝久編『講座学校　組織としての学校』（柏書房、1996年）。佐藤全・坂本孝徳編著『教員に求められる力量と評価　《日本と諸外国》』（東洋館出版社、1996年）。浦野東洋一『教育法と教育行政』（第四章「比較研究の試み」）（エイデル研究所、1993年）。
(3) Odden, A. & Kelly. C. (1997) *Paying Teachers for What They Know and Do*, California: Corwin Press, p.65.
(4) 一般公務員についても、イギリスで業績主義給与が本格的に導入された結果、職場の個人間に競争的な葛藤が生じ、協同的な人間関係の維持が困難になったという報告がある。(Richardson, R. (1999) *Performance Related Pay in Schools -an assessment of the Green Paper-*, National Union of Teachers.　東京都高等学校教職員組合第8支部

の資料集『イギリスの人事考課から』には、内部資料としてその部分訳が掲載されている。）職場の協同性が職員間の競争によってそこねられた状況のもとで、「国民本位の良質で効率的な行政サービス」が提供されるとは考えにくいのではないだろうか。

(5)　また、教員間の競争が同僚関係を損なうことになるのを避けるために、個人ではなく、学力向上などの目標を達成した学校や学区を対象とする報奨が試みられるようになってもいる。中田康彦、前掲論文、小川正人、前掲論文を参照。

(6)　Odden, A. & Kelly. C. (1997), p. 20.

(7)　ibid. p.20.　（　）内は著者が補足した。

(8)　ibid. p.19.

(9)　神奈川県教職員人事制度研究会「人材育成及び能力開発を目指した教職員の人事評価のあり方について」（教育関係者意見聴取のための検討資料）（平成12年12月）「はしがき」。

(10)　兼子仁『教育法（新版）』（有斐閣、1978年）495ページ。

(11)　教員人事考課制度の導入に先立って、1999年度2学期末に東京都教職員組合が行った「全教職員投票」（投票総数　31,600、投票率72％）の結果は、導入賛成が2％にとどまったのに対し、反対が85％を占めていた（「どちらともいえない」11％、NA 2％）。この調査は、当該組合員に限定せず「全教職員」を対象として行われたものであったこと、さらにこのように高い投票率であったことを考えれば、東京都の教職員の大多数が教員人事考課制度に反対であったと言っても誤りではないだろう。さらに、この制度の目的とされていたことを、教職員がどのように考えていたかを示すのが次の数字である。

・教員の力量向上　役立つ4％、役立たない80％、わからない15％（NA 1％）
・教職員の協力　すすむ1％、こわす86％、わからない12％（NA 1％）
・管理職との関係　信頼が強まる1％、溝ができる84％、わからない14％（NA 1％）
・公正・客観的な評価　できる1％、できない89％、わからない9％（NA 1％）
・賃金・異動等への活用　賛成3％、反対87％、わからない9％（NA 1％）
・教職員との協議　必要ない2％、必要92％、わからない5％（NA 1％）

(12)　兼子仁、前掲書、469ページ。

(13)　中田康彦「教職員の評価と人事考課制度の教育法理」『講座　現代教育法2　子ども・学校と教育法』（三省堂、2001年）、197ページ。

(14)　詳しくは、牛久保秀樹「教員の地位に関する勧告を運動に生かす　ILO本部を訪ねて」『季刊　エデュカス』No.24（大月書店、1999年）を参照。

(15)　同上、64ページ。

(16) Joint ILO/UNESCO Committee of Experts on the Application of the Recommendations concerning the Status of Teaching Personnel, Seventh Session, Geneva, 11-15 September 2000, Report, para.78.
(17) Dakar Framework for Action, World Education Forum, Dakar, Senegal, 26-28 April 2000.
(18) 調査対象は、都内高校（全日制）の校長全員に加え、それ以外の学校（小学校、中学校、全日制以外の高校、養護学校）の校長については無作為で2分の1を抽出。教師は都内すべての学校について、各校1名を無作為で抽出している。調査は郵送方式で行われ、発送数3527に対する回収数2118（校長793人、教師1325人）で、回収率は60.3％。調査結果は、浦野東洋一『東京都公立学校校長・教員を対象とした「開かれた学校」づくり等についてのアンケート調査の結果』（第1分冊〜第3分冊）（2002年）としてまとめられている。なお、時事通信社「内外教育」第5295号（2002年5月17日）が調査結果の一部を紹介している。
(19) 回答者の年齢、勤務する学校種などによる違いに注目した考察も可能であろう。実際、教員人事考課制度に対する認識では、全般的に、高校の教師が小中学校の教師より肯定的であったり、年齢の若い教師が高い教師より肯定的であったりという結果が示された。この結果をどう解釈するかについては、また別の議論が必要である。
(20) 教育管理職の業績評定・自己申告制度については、勝野正章「東京都における管理職の業績評定・自己申告制度」『教育』No. 590（国土社、1996年）を参照。
(21) 東京都学校問題研究会編著『東京都の学校改革』（都政新報社、1999年）や柿沼正芳・永野恒雄編著『東京都の教育委員会　迷走する教育委員会と「教育改革」』（批評社、2001年）を参照。
(22) 柿沼正芳・永野恒雄編著（2001年）、37ページ。
(23) 林量俶「教育立法・行政の動向と生徒参加・学校自治」『日本教育法学会年報』第29号（有斐閣、2000年）94ページ。
(24) 浦野東洋一（2002年）、第3分冊・自由記述、12ページ。
(25) Apple,B.&Beane, J.(1999) *Democratic Schools Lessons from the Chalk Face,* Buckingham: Open University Press, p.9.
(26) 「専門職としての応答責任」もまた、「専門職的アカウンタビリティ」という広義のアカウンタビリティにほかならない。アカウンタビリティ概念の多義性については、沖清豪「イギリスの教育行政機関における公共性」『教育学研究』第67巻、第4号、398ページを参照。Elliott, J. (1983) Self-evaluation, professional development and accountability, in Galton, M. et al. *Changing Schools...Changing Curriculum,* London: Harper and Row, Elliott, J. et al. (1981) *School Accountability,* London: Grant McIntyre Ltd. を参照。

# 2章

# 「研究者としての教師」と教員評価

## 1　教員評価としてのアクションリサーチ

　イギリスには、教師の専門家としての成長（professional development）とカリキュラムの開発（curriculum development）を一体のものとしてとらえ、教師（集団）自ら教育実践を反省的に研究し、授業という複雑な社会的状況のなかで実践的判断を行う能力を高めることが、教育活動の改善に不可欠の条件であるとする、ローレンス・ステンハウス（L. Stenhouse）の「研究者としての教師（teacher as researcher）」論から、ジョン・エリオット（J. Elliott）のアクションリサーチ論へとつらなる理論＝実践的系譜がある。この系譜が生みだされた背景には、1960年代から1970年代初頭のイギリスにおける「教師の主体的取り組みによるカリキュラム改革（teacher-initiated curriculum reform）」があった。エリオットは、アクションリサーチの理論はその当時の革新的（innovatory）学校で取り組まれていたカリキュラム開発の様式に、すでに萌芽的な形で現れていたのであり、ステンハウスやエリオット自身はその根底にある論理に明確な表現を与えたにすぎないことをたびたび強調している[1]。

　アクションリサーチの主たる目的は、他のタイプの研究とは異なり、知

識を生み出すことではなく、実践をよりよいものにすることである。アクションリサーチというアイディアはもともと、ユダヤ人としてドイツに生まれ、第二次世界大戦前後のアメリカで活躍した社会心理学者クルト・レヴィン（K.Lewin）が集団相互関係の改善という変化実験（change experiment）の経験を通して、次のように定式化したものであった。

　　社会的実践のために必要な研究は社会管理または社会工学のための研究として最もよく特徴づけられる。それは一種のアクションリサーチ、すなわち、社会行動の諸形式の生じる条件とその結果との比較研究であり、社会行動へと導いていく研究である[2]。

レヴィンは、少数者集団に対する偏見や差別の除去に取り組むコミュニティワーカーたちが、問題に真正面からぶつかっていき、なんとか手を打とうという心構えや善意に満ち溢れているにも関わらず、「何をなすべきか」ということについてのはっきりした見通しを欠いていることを知り、リアリスティックな事実発見と、努力と成果との関係の評価を行う社会研究が実践的な仕事を遂行する前提条件であると考えたのである。

　ステンハウスやエリオットの理解では、よりよい教育実践はその目的を構成する価値を実現することにある。実践の結果とされるもの以上に重要なのは、実践を教育的過程（educational process）たらしめる一定の「質」である。したがって、学習成果は教育実践の質の間接的な指標でしかないのであり、学習成果が劣っていることの原因が教育実践の質によるものであるかどうかは、個別具体的な状況のなかで慎重に判断しなくてはならない。しかしだからといって、教師は子どもたちの学習成果に無頓着であっていいのかといえばまったく逆である。むしろ、自分の教育実践の質について反省する、重要な材料の一つとしていかなければならない。このように教育実践の過程と成果との関係を教師自身が現実の状況のなかで深く検討し、研究することが教育におけるアクションリサーチにほかならない。

　さらに、教育実践を目的や目当て（どういう教育実践をしたいか）を具体的な行動へと導く価値（どういう教育実践が望ましいか）の実現と

してとらえるならば、その改善のためには、実践者自身が実際に選択した行動を価値に照らして、絶えず吟味し反省することが求められる。その反省的な過程においては、行動だけでなく、目当てやその前提にある価値も同時に再解釈されることになるであろう。教師が実践のなかで実現しようと取り組んでいる価値そのものが、その取り組みに対する反省のなかで、変化していくのである。このように理解されるアクションリサーチにおいては、教育実践に関する研究、教育実践の質の向上、そして教師の専門家としての成長は統一的にとらえられるものである。

本章では、「教師の主体的取り組みによるカリキュラム開発」という背景を踏まえながら、ステンハウスのカリキュラム理論と「研究者としての教師」論、エリオットのアクションリサーチ論の発展をやや細かくフォローしている[3]。それは、この理論=実践的系譜が教師の専門家としての成長を目的とする教員評価の一つの理念を提示しているように考えるからである。アクションリサーチは、教師自身が他者による分析や基準の提示に依存することなく、教育実践の反省的研究を行う責任を負うものであり、教育実践の改善を目的とする自己評価の過程である。しかも、この自己評価は同僚教師や子どもとの対話として行われるとき、実践を変えていく能力を高めるというのがエリオットのアクションリサーチ論であった。すなわち、アクションリサーチは、同僚教師、子ども（論理的延長として、当然保護者も）と協同で取り組む、教師の主体的・自律的な研究と修養（=教師の専門家としての成長）として教員評価をとらえなおすことのできる理論=実践なのである。

## 2　教師の主体的取り組みによるカリキュラム開発

1960年代の末ごろ、イギリスの一部の中等学校で見られた「総合社会科」開発の取り組みについて、当時社会科の教師であったロンドン大学のジェフ・ウイッティ（G.Whitty）は、次のように述べている。

　　それらの多くは、授業をより教え込み的でないものにし、生徒に

自らの学習についてより多くの責任をもたせる、という要請に応えようとしたものであった。同時に、それらは社会科学の発展と「受け身的な」知識に対する疑問の増大への対応でもあった[4]。

その頃、大部分の中等学校で行われていた社会科教育は、歴史や地理などの画然とした教科ごとの知識伝達を主としたスタイルに基づくものであったが、一部の学校では、社会学のような伝統的な学校カリキュラムの教科ではないものが教えられ始めたり、複数の学問領域にまたがる総合的な社会科コースが導入され始めたりされていた。

社会科に限らず、この時代のイギリスの学校はカリキュラム改革の大きなうねりの中にあった。1961年、科学教師協会（Association of Science Masters）に属するグラマースクールの教師たちからの要請に応えて、ナッフィールド財団（Nuffield Foundation）は科学教育カリキュラムの開発に資金提供を開始することを決定した。ナッフィールド財団からの資金提供を受けたプロジェクトは、当初ナッフィールドサイエンスと呼ばれる一連の科学カリキュラムを生み出し、その後古典や言語教育の分野にまでその対象を拡大していった。そして、1964年にカリキュラムと試験の研究開発機関としてスクールズ・カウンシル（Schools Council for Curriculum and Examinations）が設立されると、数多くのカリキュラムプロジェクトが、この二つの組織からの出資と援助によって進められたのである。

1960年代から1970年代初頭にかけてのカリキュラム改革は「学校を基礎としたカリキュラム改革」とも言えるものである。ナッフィールド財団の資金提供によるカリキュラムプロジェクトは、プロジェクトチームと現職教師の間の密接な協力関係のもとに進められ、そのプロジェクトチームのメンバーの大部分もそのために派遣された教師たちであった。プロジェクトの運営は、大学の研究者を中心とする助言者グループからの支援を受けながらプロジェクトチームが行い、「ナッフィールドモデル」と呼ばれる教師主導のカリキュラム開発の伝統が創り出されていた。

一方、私的団体であるナッフィールド財団とは異なり、中央政府と地方当局からの拠出金によって運営されていたスクールズ・カウンシルの活動

は、学校カリキュラムに対するある種の国家的関与であったことはたしかである。しかし、その関与は教室で現に進行しているカリキュラム改革に対する促進的介入であり、とくにその成果を広めるという機能を集約的に担うことで、改革過程の速度と質を高めることに主眼を置いたものであった(5)。教育史家ブライアン・サイモン（B. Simon）は、スクールズ・カウンシルの歴史的意義について、次のように述べている。

　スクールズ・カウンシルの意義は、実際に成しえたことや1960年代の試験とカリキュラムに及ぼした具体的な影響よりも、教師による「統制」あるいは「自律性」のイデオロギーの象徴として機能したことにあると言えるのではないだろうか。カリキュラムと授業については、それが専門的に帰属するところ、すなわち教師に委ねるという、歴史的に形成されてきた教育の経営と統制に関する「パートナーシップ」思想を具体化していたのがスクールズ・カウンシルであろう(6)。

「総合社会科」の開発もまた、個々の学校における改革から始まっていた。ウイッティは「このようなコースは、個々の教師や志を同じくする熱心な教師グループがそれぞれ独自のコースを発展させたため、その性格や導入の経緯は学校ごとにかなり多様であった」(7)と述べている。1965年から導入された中等教育修了証試験（CSE）(8)では、「総合社会科」のような個々の学校で開発されたカリキュラムに基づく試験シラバスが認められることになった。日本のように学習指導要領が存在せず、その代わりに校外試験である一般教育修了証試験（GCE）のシラバスが伝統的に中等学校のカリキュラムを規定してきたイギリスでは、この試験制度も「教師の主体的取り組みによるカリキュラム改革」の追い風となった。

　また、この時代のカリキュラム改革は、教育内容の変革にとどまらず、教授方法、学習の組織やスタイル、そして教師＝生徒間関係の変化にまで及ぶ広範なものであった。その変化の方向を要約的に示せば、次のようになるだろう(9)。

・教科中心カリキュラムから学問分野の枠を越えたカリキュラムへ
・伝統的なクラス一斉授業からグループ学習や個人学習へ
・能力別学級編制から混合能力学級編制へ
・絶対的な権威者としての教師から生徒自身の発見や知識の探求を動機づけ、促進し、構造づける役割を担う教師へ

このような改革の背景にはさまざまな要因の存在を指摘することができる。たとえば、低学力層の生徒たちに伝統的な教科中心の教育を行うことの難しさが、教師たちの間で強く感じられるようになっていたこともその一つである。その頃、子どもたちが11歳時点での試験（eleven-plus examination）によって能力や適性を判定され、グラマースクールかモダンスクールかに割り振られる複線型の中等学校制度を廃止し、地域のすべての子どもが無試験で入学できるコンプリヘンシブスクール（総合制学校）に再編していく運動がイギリス各地で進行していた。これによって、一つの学校の中での生徒の能力や適性の多様さはこれまで以上に増すことになる。モダンスクールやコンプリヘンシブスクールにおける、グラマースクールの教科中心カリキュラムを水で薄めたような内容や伝統的な方法による教育は、すでに多数の「学習意欲を失った生徒（reluctant pupils）」を生み出していた。

中等学校のコンプリヘンシブスクールへの再編と並んで、当時のカリキュラム改革に大きな影響を及ぼしていたもう一つの制度的要因に、1972年からの実施が予定されていた離学年齢引き上げがある。これによって、これまで15歳になるとまったく資格を取得せずに学校を離れていた多くの生徒たちが、校外試験の行われる16歳までは学校に残ることになる。新たに延長される1年間のカリキュラムをどうするか。コンプリヘンシブスクールへの再編と離学年齢の引き上げという制度改革が、学力中下位層の生徒のカリキュラム問題をクローズアップさせていたことはたしかである。

一方、中央教育審議会（Central Advisory Council for Education）が1967年に報告書『子どもたちと学校（Children and Their Schools）』、いわゆるプラウデン・レポート（Plowden Report）を公表したことに端

的に示されていたように、初等学校では児童中心主義の教育が浸透し、トピック学習のような教科の枠にとらわれない学習形態が盛んになっていた。初等学校での学習形態と連続性のある「総合社会科」のような試みは「学習意欲を失った生徒」たちの意欲を回復させるという点で、教科中心カリキュラムに優るものと考えられていた。また、伝統的な教科学習が生徒の現在や将来の生活からかけ離れたものになりがちであるということに対して、教育内容の「生活関連性・有意味性（リレバンス）」を強めなくてはならないと主張されるようにもなっていた。

　ここで重要なのは、児童中心主義にせよ、教育における生活関連性の追求にせよ、これらの教育理論が一方的に教育実践に適用されたのではなく、むしろそれらは実践的な改革の取り組みに通じ合うところがあったために浸透したのだという視点である。ポール・ウイリス（P.Willis）も『ハマータウンの野郎ども』でこの見方を強調している。ただし、ウイリスの場合は、学校現場における「下から」の動きを専ら「無知」で教師の権威にたてつく「野郎ども」に対する統制戦術として捉えていることに問題があるように思う。ウイリスは、当時の「個別学習」「発見学習」「目標の自主設定」「生活関連」などの進歩主義教育や生活関連教育の題目は、生徒たちの抵抗を「いたずらに刺激してことを荒立てず、しかも授業の成立に必要な程度には封じ込める」[10]術としての意味に限定してしまっているのである。

　ウイリスの分析は、この時期の「下からの」改革を正当に評価している点で同意できる。しかし、当時のイギリスにおける広範なカリキュラム改革の意義を教育の枠組みそのものは変えず、いかに「学習意欲のない」生徒や反抗的な生徒をそこに取り込むかということに矮小化してしまっている点で賛成できない。たしかにコンプリヘンシブスクールへの再編や離学年齢の引き上げは学力中下位層の生徒たちの教育をクローズアップさせることになったが、そもそもすべての生徒にとって従来の教科中心カリキュラムと知識伝達スタイルによる伝統的な教育が適切なのかどうか、という根本的な問いへの深まりをこの時代のカリキュラム改革にはみることができる。そこには、異なる教育の理念＝枠組みに基づ

く生徒の学習と教師像の転換への志向が含まれていたのである(11)。

## 3　ステンハウスのカリキュラムと教育実践の理論

### (1) 行動目標モデルの批判

　すでに述べたように、ステンハウスやエリオットが提唱したカリキュラムや教育実践に関する理論も、大学の研究から生まれたものというより、当時の児童中心主義や進歩主義教育の理論と同じように、「教師の主体的取り組みによるカリキュラム改革」のなかにあった志向と論理を結晶化したものであったとみる方が正しいであろう。

　ステンハウスは、スクールズ・カウンシルとナッフィールド財団の共同出資によって、1967年から1972年にかけて実施された、ヒューマニティーズ・カリキュラム・プロジェクト（Humanities Curriculum Project、以下HCP）のディレクターとして知られている。HCPは「英語、歴史、地理、宗教教育などの教科の枠を越えた人文科学分野における発見＝探求型授業を促進するのに適切な動機づけ、援助、教材を学校と教師に提供」することを目的としていた(12)。

　HCPのディレクター就任に際し、ステンハウスは失敗する権利、大胆に実験する権利がプロジェクトに与えられるようスポンサーであるスクールズ・カウンシルとナッフィールド財団に強く要望した。この申し出にスポンサーたちは「やや不意を打たれてびっくりしたようであったが、結局プロジェクトには大きな自由が与えられることになった。」(13)ステンハウスらプロジェクトチームのメンバーたちは、理論を教室で試すのではなく、学校や教室でのケース・スタディから仮説を導き出し、その仮説を教室の現実をくぐらせることによって検証し、理論を構築していくという方法論に依拠してプロジェクトを進めた。後に、ステンハウスのカリキュラム開発のプロセスモデルと「研究者としての教師」論、メンバーの一人であったエリオットのアクションリサーチ論として展開される、教師主体のカリキュラム開発研究方法論の原型をHCPにみることができる。

　1982年に56歳で亡くなったステンハウスは、主著『カリキュラムの研

究と開発　序説（An Introduction to Curriculum Research and Development）』（1975年）において、かなりの分量をさいて、ラルフ・タイラー（R.Tyler）のカリキュラム策定論の流れを汲む行動目標モデルの批判を行っている。このタイラーのカリキュラム策定論は、「学校はどのような教育目標を達成すべきか」という問いから出発し、その目標を達成するための学習経験の選択、学習経験の効果的な組織化、学習経験の効果測定というように進む、カリキュラムの開発と研究の合理的過程を示したものであった。タイラーは、この最初の問いにある「目標（objective）」について、「目標の最も有益な示し方は、生徒において発展させられるべき行動の種類と、この行動が適用される内容や生活領域、この両方を明らかにするものである」[14]としていた。

　1950年代以降、行動主義心理学の隆盛を背景としながら、客観化・科学化・効率化の要請に応えるタイラー理論は、カリキュラムの開発と研究に大きな影響力をふるっていたが、1960年代末ごろからは、行動目標モデルに対する批判が本国アメリカにおいてもみられはじめていた。ステンハウスの行動目標モデルに対する批判も、こうした流れのなかに位置づくものであったが、とくに行動目標モデルの前提にある学習論と教師の実践の理論の問題点を鋭く指摘するものであった。まず、ステンハウスは、人が思考を深める道具としての「知識」と記憶の対象となる事実の集積としての「情報」とを明確に区別する必要性を主張する。そして、知識を創造的な思考を支え、判断のための枠組みを提供する構造としてとらえるならば、「文化についての知識＝思考システムへと人を導きいれることで、その人の自由を拡大する」教育の成功の度合いは、行動目標モデルの前提とは逆に「生徒の行動変化を予測できないもの」にしたかどうかで測られることになるとする[15]。

　同様に、ステンハウスは、概念についても、明確で正確な意味を持つものとして扱うことに反対した。行動目標モデルにおいては、明確で一義的な意味を持った概念を子どもが正確に理解しているかどうかは、子どもたちがその概念を用いるやりかたをみることで判断できると考える。しかし、ステンハウスにとって、概念は「習熟」ではなく、「思索」の対象な

のであり、あらかじめ行動目標を定めて、その達成に向けて教育を行なう場合、本質的に問題を含んでいる（problematic）はずのものである知識の性質を歪め、情報と変わらないものにしてしまうことになる、というのである。

さらに、ステンハウスが強く批判したのは、行動目標モデルが、最終目標（ends）をより明確にすることによって実践の質が高められる、という前提に立っている点である。人がより高く跳べるようになるのは、バーをより高いところに置いたからではなく、現在の跳び方を分析し、欠点を認識して、改めることによってである。教師が実践の質を高めるのに役立つのは、最終目標の明確化ではなく、自己の実践を批判的に検討することのできる、「過程に関わる基準（process criteria）」に他ならない、とステンハウスは論じている。このような行動モデルの批判の末に、ステンハウスがたどり着いたのは、教師が自ら実践の過程を批判し、質を高めることのできる基準を明らかにすることが、同時にカリキュラム開発の基準にもなるモデルの探究という課題であった。

## （2）カリキュラム開発のプロセスモデル

行動目標モデルは、生徒の行動変化という形での明確な目標を設定し、その目標を達成するために学習経験を選択し、その有効な組織化を行うという、その限りにおいて、きわめて合理的で具体的なカリキュラム開発の方法である。それに代わるモデルは、目標という形で教育過程に期待される結果をあらかじめ示さなくとも、具体的にカリキュラムをデザインし、開発する方法を示すものでなければならない。

そこで、ステンハウスは、あらかじめ定められた目標の達成にとって効果的であるという観点以外に内容を選択する原則がありうるかどうかを検討している。ステンハウスが注目したのは、教育哲学者リチャード・ピーターズ（R. S. Peters）が『倫理と教育（Ethics and Education）』（1966年）において展開した、「価値ある活動」の内在的基準による正当化の議論であった。ピーターズは、教育を「それを受けることになった人々に対して価値あるものを伝達」し、「知識、理解、およびある種の認識的展望を含ん

でいなければならない」[16]ものと定義する。「価値あるもの」は、内在的な独自の卓越性の基準を有しており、結果として何がもたらされるかということではなく、その内在的基準によって価値が判断されうるものである。「価値あるもの」としての知識体系にも独自の構造があり、独自の方法、概念、基準が備わっている。そのうちから最も重要な方法、概念、基準が適用される領域や条件などを具体化することから、カリキュラムの内容を選択することができるのであり、それは「規定された目標の存在に依存せずとも、現実的な指針を提供し、批判の対象になりうるほど十分な具体性」[17]を持った、カリキュラム内容の選択基準となる。

　しかも、「価値ある活動」の基準と構造の分析からは、教授法についても、具体的な指針を得ることができる。ステンハウスは、この教授法の指針を「方法の原則（principles of procedure）」[18]と呼んだ。行動目標とは異なる、知識本来の性質に促した教育目的からは、自ずと内容をとりあつかう際の「方法の原則」が導き出されるのである。これがステンハウスが行動目標モデルと対置させて提唱した、カリキュラム開発のプロセスモデルである。

　ステンハウスは行動目標モデルによらないカリキュラムの実例として、ジェローム・ブルーナー（J. S. Bruner）の指導のもと、アメリカで開発された「人間：学習の課程（Man：Course of Study、以下MACOS）」とステンハウス自身がディレクターを務めたHCPをあげる。MACOSでは、教師と生徒はパシフィックサーモンの生態やエスキモーの生活を人間社会と比較しながら、広い意味での人間性について考察する。教師は、生徒たちと共に学ぶ学習者であることを求められたが、生徒たちの学習の質に責任を負う「先輩学習者（senior learner）」でなくてはならないのであり、そのためには教師自身が教えると同時に学んでいる知識分野（ディシプリン）の構造を深く理解しなくてはならない、ということが強調されていた。

　一方、HCPは、「探求の領域」としての「戦争と社会」「教育」「家族」「両性間の関係」「貧困」「人と仕事」「人種」「都市生活」「法と秩序」の9つのテーマのもと、人間と社会に関わる「価値に関わる論争的問題」について、生徒たちが判断の材料となる証拠（evidence）を吟味しながら、グ

ループでの議論によって、理解を深めていくというものであった。論争的問題を内容としたのは、知識分野（ディシプリン）としての明確な構造を持たないからである。そのため、教師は内容についてのエキスパートではありえないのであり、この点においてMACOSとは一線を画している。学習の過程において、論争的問題についての理解を深めるとともに、人文科学や社会科学の概念や方法についての理解を深めることも期待されていたが、行動目標モデルにおいては、それ自体決定的な概念や方法を道具として用いることで、内容の理解を深めると考えられているのに対して、HCPの前提は、思考の内容と方法についての理解は相即的に深められる、というものであった。

　実際に、「理解」を深めるという教育目的からは、教室において実現されるべき教育過程が一連の「方法の原則」として導き出される。HCPにおける「方法の原則」は、次のように定式化されていた。

- 青年期の授業では、論争的問題が扱われなくてはならない。
- この段階の教育において、教師は論争的問題を扱う授業を、中立性の原則に則って行なう必要性を認めなくてはならない。すなわち、自分自身の見解を生徒に押付けないことを責任の一部として受けとめる必要がある。
- 論争的問題を扱う際の探究様式の中心は、教授(instruction)ではなく、討論(discussion)でなくてはならない。
- この討論は、合意を得ることを目的にするのではなく、参加者の考え方の多様性を保護するものではなくてはならない。
- 教師は、討論の議長として学習過程の質と水準に責任を負わなくてはならない。

　注意すべきことは、ステンハウスが「方法の原則」を教師の実践を束縛するものとしてではなく、具体的な授業の状況のなかで、教師自身が検証するべき仮説として提示したことである。プロジェクトに参加した教師たちは、生徒たちの討論の様子を録音し、「方法の原則」に照らして、

自分の実践を分析することが求められた。「生徒たちの考え方の多様性を保護しているだろうか?」「自分自身の考え方を押付けようとして、教師という立場を権威的に利用してはいないだろうか?」と自分に問いかけることで、「方法の原則」に矛盾する行為を自ら分析し、問題を解決するための仮説を立て、新しいやり方を実験するよう促されたのである。

　以上のことからわかるように、ステンハウスのプロセスモデルは、行動目標モデルに代わるカリキュラム開発の方法であるというだけでなく、教師が自ら実践を批判的に検証し、質を高めていく過程として提示されたのである。ステンハウスのカリキュラム論の最大の特徴は、子どもの学習の質を高めるという観点からだけではなく、教師が実践のなかで無意識のまま保持している、知識や学級における子どもたちとの関係に関する観念を意識的に問題化し、その再構成をはかる触媒としてカリキュラムをとらえていたことにある。ステンハウスがカリキュラムは「教師の成長に関する理念を表現するものでなくてはならない」[19]というのは、このような意味においてなのである。

## (3)「研究者としての教師」と「広い専門性」

　行動目標モデルに基づくカリキュラム開発が政府機関によって中央集権的に実施された場合、個々の教師や生徒の能力や知識を無視して、既製品としてのカリキュラムが学校と教師に押し付けられる傾向がある。ステンハウスには、教師の力量や教室の現実を軽視したカリキュラム開発は成功しないという信念があった。カリキュラムの研究と開発は、教室での実践の研究に基づくものでなければならず、しかも、その研究は教師たち自身によってなされなくてはならない。HCPの「方法の原則」は、教師が自分自身の理念や目的(この場合は、発見＝探求型授業の実現)と実践との間の一貫性を検証する基準であったが、自前でこのような基準を立て、実践の改善に取り組むことのできる教師が「研究者としての教師」である。

　言い換えるならば、ステンハウスの「研究者としての教師」は、教師に「広い専門性(extended professionalism)」を求めることであった。「広い専門性」とは、当時すでにエリック・ホイル(E.Hoyle)が提唱していた

ものであり、「狭い専門性（restricted professionalism）」との対比で、次のような内容を持つものとされていた[20]。

〈狭い専門性〉
- 教室での授業に関わる高度な資質能力
- 子どもが好きであること（ないしは、教科が好きであること）
- 子どもを理解し、接することのできる高度な技術
- 生徒との人間的関係から深い満足感を得られること
- 生徒の行動や到達度にみられる変化を通して、自分の実践の成果を評価すること
- 実践的な性格を持つ短期の研修コースに参加すること

〈広い専門性〉以上の狭い専門性に加えて
- 自分の実践を学校、地域、社会という広い視野からみること
- 多様な研修活動に参加すること（教科研究サークル、教員センター、研究会など）
- 理論と実践を結びつけることに関心を持つこと
- ある種のカリキュラム理論と評価の様式に傾倒すること

　ステンハウスは、ホイルの「広い専門性」のうち、最後の点について、理論は傾倒（commitment）の対象ではなく、実験的な検証の対象でなくてはならない、と批判的な意見を述べるとともに、これでは教師の「自律性」にとってまだ不十分であるとして、ステンハウス自身の「広い専門性」の内容を次のように示した。

- 教師としての成長の基礎として、自分自身の教育活動の体系的な探求に傾倒すること
- 自分自身の教育活動の研究に必要な技術の獲得に傾倒すること
- そのような技術を用いて、実践のなかで理論を探求し、検証しようとする姿勢

ステンハウスは「こうした広い意味での専門性を示す指標は、自己と自己の実践の体系的な研究、他の教師たちによる実践の研究、教室での研究方法による理念の検証を通じて、専門家としての自律的な自己成長を可能にするもの」[21]であると考えていたのである。

## 4　アクションリサーチと教師の専門家としての成長

ステンハウスの「研究者としての教師」は、教育実践の改善は教師の反省能力（reflective capacities）に大きく依存するものであるという理解の表現であった。HCPは探求＝発見型授業を実現しようとする教師の取り組みを支援しようとするものであったが、探求＝発見型授業に限らず、伝統的な教授方法を変え、根本的な授業改革を行うのは容易ではない。政府機関主導によるカリキュラム開発では、しばしば、必要な教材が提供されればうまくいくと考えられがちだが、現実の状況のなかで、新たな価値や目的に基づく教育実践の改革を実施しようとする際に生じる問題を教師自身が理解し、問題解決についての実践的仮説の構築と検証を行わなければならない。

HCPが進められていくにしたがって、研究者から構成される中央チームのメンバーたちが認識しはじめたのは、この仮説にあたる「方法の原則」や実験的な授業方略を中央チームが提供することで、かえって教師たちの反省能力の成長を制約しているのではないかということであった。教師は研究者によって提示された仮説に依存してしまい、教室での実践に関する自分自身の探究的思考から仮説や行動方略を生み出すことができにくくなっているように思われたのである。中央チームのメンバーの一人であったエリオットは、次のようにHCPの限界を自省的に指摘している。

> HCPは教師の自律的な反省的実践をどのように促進するかという問題を十分に解決してはいなかった。その理由は、教授理論については私たち（研究者）が掌握し、手放そうとはしなかったからである。実験的な行動方略や自己訓練の手続きは、プロジェクトチーム

の（探求＝発見型授業の）教授目標と原則に関する理解によって構築されていたのである。教師が自分の実践について反省するとき、教授方略を発展させるだけでなく、実践を通じて実現しようとしているねらいや原則についての理解も発展させることができるということを、私たちはまだつかみ損ねていたのである[22]。

　HCP終了後、エリオットはエイデルマン（C.Adelman）ともに、1973年から1975年の3年間、フォード財団からの資金提供を得て、フォード・ティーチング・プロジェクト（Ford Teaching Project、以下FTP）を実施する。FTPにはイースト・アングリア地方の12の学校から、すでに探求＝発見型授業の実践に取り組んでいた40人以上の教師が参加して、授業の転換にともなう諸問題についてのアクションリサーチを行った。それは、HCPの到達点から出発することで、「研究者としての教師」の理念をさらに発展させようとするものであった、と言える。
　ＦＴＰは次のような基本的な考え方に基づいてデザインされていた[23]。

- プロジェクトでは、単なる教師による研究ではなく、教師主体のアクションリサーチ（teacher-based action research）を促進する。アクションリサーチという用語は、特定の研究パラダイム、研究と教育活動の間の特定の関係を明示するものである。研究と教育活動は、二つの別々の活動とは考えられない。教育活動は教育研究の一形態であり、教育研究は教育活動の一形態である。すなわち、この二つの活動は反省的で再帰的な実践（reflective and reflexive practice）へと概念的に統合されているのである。
- 教師は診断仮説と実践仮説を検証するだけでなく、自らそうした仮説を作りださなければならない。
- 教師は教授理論を実践のなかでどう実現するかを探求するだけでなく、自らそうした理論を作りだすことを期待される。そのために、教師は教室における問題状況を自分がどのよう定義づけているか、それに含まれている目当てや価値について反省することを支援される。

・教室におけるアクションリサーチは、様々な文脈において互いの仮説を検証しあうことで、共有された知見や実践を生み出そうとするものであり、個人主義的ではなく、協同的な営為でなくてはならない。
・中央チーム（大学に籍を置く研究者）は、（教師たちによる）一次的なアクションリサーチを促進することを目的とする、二次的なアクションリサーチを行う。

　HCPと同様に、FTPの中央チームも教師と協同して、教室のデータを収集し、分析したが、「研究者としての専門的能力と権威を高めることと、教師の反省的実践を促進することとの間の矛盾」[24]はもっと強く意識されていた。そのため、中央チームの研究者が最初から教室を訪問するのではなく、教師はまず自らが問題を明らかにし、そのうえで中央チームによる分析が役に立つと思われるようであれば支援を求めることになっていた。

　しかし、プロジェクトの開始当初は、教師によるアクションリサーチは思っていたようには進展しなかった。教師と生徒がそれぞれ授業の記録をとり、その後に授業過程についての話し合いを行うことや、ケース・スタディの方法などを示唆したにも関わらず、こうした研究に積極的に取り組む教師は多くなく、中央チームに対する支援の要請もほとんどなかった。ここで、エリオットたちは当初考えていたよりも事前介入的なアプローチをとることを決断した。自分の教育実践についての反省的な探求を行う準備が比較的整っているように思われた一部の教師たちに、彼らがトライアンギュレーション（triangulation）と呼ぶ過程に取り組むことを提案したのである。

　トライアンギュレーションとは、授業者本人、生徒、同僚教師が授業に関する資料を共有し、検討しあうことで、教師の反省的探求を支援する方法である。まず、エリオットたちは、授業をテープ録音などの方法で記録し、授業者である教師と生徒の一部にその授業についてのインタビューを行った。この資料は文章化され、教師と生徒本人（および校長）の許可を得て、プロジェクトに参加していた、すべての教師に配布され

た。次に、中央チームは授業の問題についての診断的仮説を立て、教師が資料に照らしてその検証を行うよう促した。教師たちは、近隣の学校ごとに共同の研究会が持てるようにグループを組んでいたが、トライアンギュレーションに参加した教師たちは、自分の授業実践に関する資料についての同僚教師たちとの議論に積極的であった、という。

　その理由の一つに、初等学校と中等学校の実践を比較できることがあった。プロジェクトの開始当初は、伝統的な実践が行われている中等学校と革新的な初等学校という先入観があったが、実際に資料を検討してみると、授業における教師と子どもたちの交渉過程にはほとんど差異がみいだせなかった。このことは、とくに初等学校の教師たちに驚きをもって受けとめられた。

　プロジェクトが進むにしたがって、教師のアクションリサーチは徐々に活性化し、多くの教師が互いに授業を観察しあい、トライアンギュレーションにも参加するようになっていった。最後の全体研究会では、探求＝発見型授業を実施する際の諸問題についての仮説のまとめが行われたが、そこでは最初に中央チームが提示した仮説だけではなく、自分たちが互いの授業を観察し、生徒の声（account）を含む資料の分析を通して得た、教師たち自身の仮説が提示された。教師たちはプロジェクトの過程を通して、教室の経験についての反省と議論から生じた新しい知見を記述すること、教室の現実についての仮説を検証するだけではなく、生み出すことができるようになったのである。

　HCPと比較したとき、FTPのデザインは次のような特徴をもっているように思われる。まず、教師がトライアンギュレーションの過程から得られた仮説について、他の教師たちとの協同で探求することができるように、学校内と学校間両方での研究会を組織していたことである。すなわち、FTPでは教師と中央チーム（大学の研究者）との対話によってではなく、同僚教師との協同の議論によって仮説の検証を行うことが求められていたのである。中央チームは専門的な協議（professional discourse）の枠組みを創りだし、当初仮説を提示することで、教師の協同的な反省的実践を活性化させようとしたのである。

さらに、アクションリサーチの協同性は、同僚教師との協同にとどまらない。教師たちのアクションリサーチを支援する方法として、教師が自分の実践の意味により自覚的になれるようにするため、生徒たちが授業をどう受けとめ、どのように感じているかを体系的に聴き取ることを提唱したのである。これは、生徒による授業評価の取り組みにほかならないものである。
　教師たちが自ら行ったのは、仮説を立てて、検証するということだけではない。プロジェクト後半になると、教師たちは自分たちの教室での実践に内在する教授理論を明らかにするよう促された。自分たちの授業のあり方を暗黙のうちに規定している理論に自覚的になり、中央チームの理論によってではなく、自分自身の理論に照らして、資料を分析することができるようになることを期待してのことである。HCPでは、理論を定式化するのはあくまでも促進者（facilitator）としての大学の研究者であり、その部外者によって明らかにされた基準に照らして、授業の問題を明らかにし、診断する段階にとどまっていた。しかるにFTPでは、教師が自分の定式化した理論に照らして、実践について反省することを促進したのである。このような環境のもとでは、教室の実践過程についての資料を集め、分析することに対する抵抗はより小さくなるであろう。
　エリオットたちが採用した、教師による授業理論の形成を支援する方略は次のようであった。最初の全体研究会において、事例としてのいくつかの授業記録をもとに議論がなされたが、そこで明らかになったのは、教師たちの探求＝発見型授業のとらえ方の相違であった。同じ探求＝発見型授業という用語を使ってはいても、教師はそれぞれ異なる教授理論に基づいて、議論をしているように思われたのである。そこで、エリオットたちは、教師たちの議論を分析して、次のような4つの探求＝発見型授業の理論があることを提示した[25]。

① インフォーマルで、構造化された、指導による授業（informal, structured, guided）教師はあらかじめ定められた知的な学習成果を、生徒自身の学習を方向づける能力に制約を課すことなく指導することによって、実現できる。

②インフォーマルで、構造化された、指導しない授業（informal, structured, open-ended）教師は学習過程に対する制約をいっさい取り除き、積極的な介入を控えながら、生徒が自分で学習を方向づけることを促進することと、あらかじめ定められた知的な学習成果の実現を両立できる。

③インフォーマルで、構造化されていない、指導による授業（informal, unstructured, guided）教師は生徒が自分で学習を方向づけるのを促進し保護するとともに、あらかじめ定められた知的な学習成果の実現を図ろうとしない限りにおいて、学習過程に積極的な影響を及ぼしうる。

④インフォーマルで、構造化されていない、指導しない授業（informal, unstructured, open-ended）教師は生徒が自分で学習を方向づけるのを促進することと、あらかじめ定められた知的な学習成果を実現すること、学習過程に積極的な影響を及ぼすことを同時に行うことはできない。授業の方略は、生徒自身が自分で学習を方向づける力を保護することに限定されなくてはならない。

　ここで、「インフォーマル」は、教師の権威的地位からの生徒の知的自立を示す授業過程の性質である。「構造」は、あらかじめ特定された学習成果を生徒が獲得することを目的として授業が行われているかに関わる。そうであればあるほど、授業は構造化され、教科中心的となる。逆に、教師が学習の成果よりも過程に、何を学ぶかよりもどう学ぶかに関心があれば、授業は構造化されていないものとなり、生徒中心的となる。また、「指導」は生徒が学習を行うなかで自覚した問題に対応するものであり、教師があらかじめ学習のあり方、進め方を規定する「指示」とは異なる概念である。生徒が自分で学習を方向づける能力になんら制約を課そうとしなければ、それは「指導しない」授業となる。

　エリオットたちは、教師たちに自分の実践に内在する教授理論はどれにあてはまるものであるかを探求するよう促した。さらに、他の教師の実践についての資料を提供して、それについても暗黙の前提となってい

る教授理論を分析することを求めた。やがて教師たちは自他の実践に関する資料を分析していくうちに、「インフォーマルで、構造化された、指導による授業」が自分たちの発見＝探求型授業におけるもっとも一般的な理論であることを発見したが、同時にこの理論には大きな問題があることを自覚するようになった。子どもたちの自立した理性の働きを保障しながら、あらかじめ定められた学習成果として、順序付けられた知識系列を獲得させることを両立させることは、本質的に矛盾するものであることがわかってきたのである。

同様に「インフォーマルで、構造化されていない、指導しない授業」と「インフォーマルで、構造化された、指導しない授業」も問題があるとされた。前者は、子どもたちの学習を促進し、その質を保障する役割を教師にまったく認めない学習理論であり、後者は、子どもたちに対して教師が明示的に示さないものを獲得することを求めることで、ダブル・バインド的状況に追い込むものである。教師たちは徐々に、発見＝探求型授業の内的一貫性のある理論として、「インフォーマルで、構造化されていない、指導による授業」を実現しようとしはじめたのである。

FTPは、教育実践の質を高めるためには、教師自身が実践を反省的に研究しなくてはならないというステンハウスの「研究者としての教師」論を継承して、教師がそのような反省的実践＝アクションリサーチを行う能力はどのように高められるかという課題に取り組んだものであった。それは、エリオットの用語を用いるならば、教師の一次的なアクションリサーチをどうやって促進するかという、研究者たちによる二次的なアクションリサーチの課題でもあった。

エリオットはFTPの経験を振り返って、この課題に関連する興味深い仮説を提示している[26]。まず、アクションリサーチは自分のこれまでの教育実践とその前提にある目的や価値に対する根本的な反省と修正（ときには、完全な放棄）を迫るものであるから、少なくとも一時的な自尊感情の喪失を伴わざるを得ない。その場合、教師は

- 人格的なアイデンティティと教師としての職業役割を切り離して考えることができるほど
- 自分自身をアクションリサーチャーとして尊重できるほど
- 授業観察者を評価者としてではなく同じ研究者としてみることができるほど
- 他の教師の教室にアクセスすることができるほど

この自尊感情の喪失に耐えることができる。
　さらに、自尊感情の喪失に耐えることができるほど、教師は

- 生徒たちからのフィードバックに対して
- 観察者からのフィードバックに対して
- 自分の教室の授業が抱える問題に他の教師が関わることに対して

オープンになることができる。そして、このように教師が生徒、観察者、他の教師からのフィードバックに対してオープンであるほど、自分の教室の実践を自己評価する能力は高まり、教育実践を変化させることができる。言い換えれば、教師は生徒や同僚教師と意見を交換しある機会がなく、孤立していては深いところで教育実践を変えていくことができないというのである。教師個人の反省的実践の質を高めるためにこそ、アクションリサーチは協同的な営為でなくてはならないとされるのは、このような意味においてである。

## まとめ

　こんにちでは、教師のアクションリサーチは欧米の大学院における現職教育課程の一部に位置づけられていることも多い。また校内研修の手法としても称揚され、利用されるようになっている。しかし、エリオット自身は、こうしたアクションリサーチが教育実践と学習の価値的側面に対する深い反省と洞察を欠いて、所与のカリキュラム目標を達成する

ために、どうすれば効率的・効果的に学習過程を統制できるかを研究するものになりがちであることに、警鐘を鳴らしている。そのようなアクションリサーチは、教育実践を根本的に変えるものにはならないか、あるいは国家による社会工学としてのカリキュラム改革の「主体的な」担い手に教師を仕立てあげるものである[27]。

一方、アクションリサーチに対する内在的批判もある。そのうちで最も重要だと思われるのは、ハバーマスの批判理論の影響を受けながら、エリオットのアクションリサーチ論が教師の実践を変化させていく要因としての反省的「認識」を強調しすぎていることを問題とする、カーとケミス（Carr,W.& Kemmis,S.）による批判である[28]。すなわち、教師の教育実践の自律性に対する外的な構造的制約を軽視している点でエリオットのアクションリサーチ論はナイーブだというのである。カーとケミスは、葛藤的社会理論の立場から、学校という社会制度もまた階級を基礎とする抑圧的装置である以上、その制度的制約を解消することなしには、教師の合理的な教育実践は完全には行われないとして、アクションリサーチをある種の社会運動（social movement）に高める必要性を提起している。

ただし、カーとケミスの議論も、教師が合理的な実践認識を持たなければならないことの必要性をいささかも減じようとするものではない。しかも、教師は自由で「開かれた」批判的討議に参加することで、そのような合理的な認識を得ることができるとする。カーとケミスの議論は、アクションリサーチが個人主義的な認識の世界にとどまることを批判するものであり、同僚教師、子ども、保護者、地域社会との間の自由で開かれた対話を通して、教師が実践を協同的に変革していくことの意義をいっそう強調するものであると言えよう。その意味では、子ども、保護者、地域社会もまた教師とともに現実の変革の担い手となるのである。協同的アクションリサーチの過程において、たとえば教育実践を制約する教材や施設設備の不備、教育課程基準が持つ矛盾などに関して合理的な認識と合意が得られれば、然るべき教育行政機関や社会に対して、教師が子ども、保護者、地域社会とともに不備や矛盾の解決を要求していくこともありうるだろう。協同的アクションリサーチを教師の専門家と

2章「研究者としての教師」と教員評価

しての成長を促し、教育実践の質を高めるための教員評価(学校評価)としてとらえることからは、このような社会運動の展望を切り開くこともできるように思われる[29]。

(1) Elliott,J.(1991) *Action Research for Educational Change,* Birmingham: Open University Press, pp.3-12. Elliott,J.(1998) *The Curriculum Experiment Meeting the Challenge of Social Change,* Birmingham: Open University Press, p.17.
(2) K・レヴィン(末永俊郎訳)『社会的葛藤の解決―グループ・ダイナミック論文集(8版)』(東京創元新社、1970年)271ページ。その後、教育研究の方法としてアクションリサーチの価値にいちはやく注目したのは、コロンビア大学ティーチャーズ・カレッジのスティーブン・コーリー(S.Corey)である。コーリーは、1950年前後に現職教師によるアクションリサーチの方法を用いたカリキュラム研究プロジェクトを指導し、著書『アクションリサーチと学校実践の改善(Action Research and Improved School Practice)』(1953年)をはじめとする、多数の論文を発表したが、概して、この時期には教育におけるアクションリサーチの受容は拡大せず、一時的なものにとどまった。レヴィンのアクションリサーチから始まる、「教師による研究(teacher research)」の発展を概観した論文(Hollingsworth, S. & Sockett(1994)Positionsing Teacher Research in Educational Reform: An Introduciton in Hollingworth,S.& Sockett, H.(eds.) *Teacher Research and Educational Reform,* The University of Chicago Press, Illinois, pp.1- 20)によれば、教育におけるアクションリサーチにとって1950年代は「不幸な時代」であったとされている。アメリカにおいて、アクションリサーチが「教師による研究」として飛躍的な発展を遂げるのは、おおむね、教職の専門性に対する認識が強まる1980年代以降のことである。その間、海をこえたイギリスにおいて「学校を基礎とするカリキュラム改革」を背景とする、「アクションリサーチの再生と発展」がみられたのである。
(3) ステンハウスとエリオットに関する日本での先行研究には、佐藤学「カリキュラム開発と授業研究」安彦忠彦編著『カリキュラム研究入門』(勁草書房、1985年)や今津孝次郎『変動社会の教師教育』(名古屋大学出版会、1996年)229－244ページがある。
(4) G.ウイッティ・A.カートン(高野和子訳)「学習改革からカリキュラム改革へ イングランドにおけるカリキュラム改革と総合社会科」竹内常一他編『講座高校教育改革 4 学校づくりの争点』(労働旬報社、1995年)53ページ。
(5) MacDonald,B.&Walker,R.(1976) *Changing the Curriculum,* London:Open Books,p.1

(6) Simon, B. (1991) *Education and the Social Order 1940 - 1990,* London: Lawrence & Wishart, pp.313 - 314.
(7) G.ウイッティ・A.カートン（高野和子訳）56ページ。
(8) 一般教育修了証試験（GCE）O（ordinary）レベルが能力上位層20％を対象とした試験であるのに対して、この中等教育修了証試験（CSE）はその下に続く40％を対象に導入された。二つの試験は、1988年に一般中等教育修了試験（GCSE）として統合一本化されている。
(9) Rubinstein, D. & Simon, B. (1973) *The Evolution of the Comprehensive School, 1926 - 1972,* London: Routledge & Kegan Paul, p.123.
(10) ポール・ウイリス（熊沢誠・山田潤訳）『ハマータウンの野郎ども』（筑摩書房、1985年）170ページ。
(11) この点についてのより詳細な議論は、勝野正章「英国における総合的学習の研究開発」柴田義松編著『海外の「総合学習」の実践に学ぶ』（明治図書、1999年）142－170ページを参照。
(12) HCPでは、社会的状況と人間の行為が生み出す、価値に関わる論争的な問題について、自由な討論を通じて理解を深める授業のあり方が探求され、教師は「中立的な議長（neutral chairman）」の役割を担うこととされた。「1960年代の最も論争的でラディカルで洗練されたカリキュラム革新」と評されているHCPの詳細については、勝野正章「英国における総合的学習の研究開発」柴田義松編著『海外の「総合学習」の実践に学ぶ』（明治図書、1999年）142－170ページを参照。
(13) Aston, A. (1980) 'The Hummanities Curriculum Project' in Lawrence Stenhouse (ed.) *Curriculum Research and Development in Action,* London: Heinemann Educational Books.
(14) Tyler, R. (1949) *Basic Principles of Instruction and Curriculum,* Chicago:University of Chicago Press, p.46.
(15) Stenhouse, L.(1975) *An Introduction to Curriculum Research and Development,* London: Heinemann, p.82.
(16) 三好信浩・塚崎智共訳『現代教育の倫理　その基礎的分析』(Peters,R.S.(1966) *Ethics of Education,* London: George Allen & Unwin.)（黎明書房）55ページ。
(17) Stenhouse, L.(1975) p.86.
(18) ibid., p.88.
(19) ibid.,p.68.
(20) Hoyle, E.(1972) Educational Innovation and the Role of Teacher, *Forum,* vol. 14.
(21) Stenhouse, L.(1975) p.144.
(22) Elliott, J. (1991) p.26.

(23) ibid. p.30. (　) 内は著者が補った。
(24) ibid. p.30.
(25) ibid., pp.33 - 35
(26) Elliott, J. (1976) Developing hypothesis about classroom from teachers' practical constructs: an account of the work of Ford Teaching Project, *Interchange*, vol.7 No.2.,Elliott,J.(1991)pp.35-38
(27) Elliott, J. (1998) p.17.
(28) Carr, W. & Kemmis, S. (1986) *Becoming Critical: education, knowledge and action research*, London: The Falmer Press.
(29) もちろん、社会運動は教育行政機関に対する要求だけではなく、自分たちで学校環境を整備したり、教育課程を変えていくことも含む。アクションリサーチによる、こうした協同的な現実変革の事例は、たとえばAtew, B., Kemmis, S. & Weeks, P. (1998) *Action Research in Practice: Partnerships for Social Justice in Education*, London: Routledge.にみることができる。

# 3章

# 教師の専門家としての成長と自己評価

## 1　政策のなかの自己評価

　「政策としての教員評価」において重要な意義を与えられているものに、学校教育目標や分掌、教科ごとの目標に沿って、個々の教師が職務上の自己目標を設定・申告して、実践の改善に取りくみ、年度末に達成状況を点検する、自己評価がある。東京都の教員人事考課制度でも、校長の学校経営方針を踏まえて目標設定と自己評価を行う「自己申告制度」が導入されている。これによって、評価の公正性や信頼性が高まり、「双方向的教員評価」への転換がはかられるとされるものである。自己目標を設定し、自己評価を行うにあたっては、校長・教頭や主任との面接を設けてその意見を参考にすることが勧められることも多く、それが教職員間のコミュニケーションを促進し、学校組織の活性化にもつながるとされている。
　たしかに、教師が自らの教育実践を学校全体の教育活動などのより広い視野から見つめなおして反省し、自己評価によって改善の手立てを講じることのできる機会は、教師の力量形成や専門家としての成長にとって重要であり、それ自体が有意義な研修であるといえる。しかし、この

間、学校では職員会議の補助機関化など校長・管理職のリーダーシップ（権限）の強化が行われており、学校教育目標や運営方針について、教職員が発言しあう学校自治の弱体化をはかる政策が進められていることにも注意しなければならない。このような動向のなかでの自己申告・自己評価は「管理職の学校経営目標への同調の自主性」を要求することになりかねない。

　自己目標の設定と自己評価は、個々の教師だけではなく、学校単位でも求められている。2002年3月に小学校から高校までの学校設置基準が整備されたが、そのなかでは学校の自己点検・評価と学校運営の状況に関する情報の公開が次のように規定された。

> 2条　小学校は、その教育水準の向上を図り、当該小学校の教育活動の目的を実現するため、当該小学校の教育活動その他の学校運営の状況について自ら点検及び評価を行い、その結果を公表する。②前項の点検及び評価を行うに当たっては、同項の趣旨に即し適切な項目を設定して行うものとする。
> 3条　小学校は、当該小学校の教育活動その他の学校運営の状況について、保護者等に対して積極的に情報を提供するものとする。（中学校、高校についても同様）

　1998年9月の中央教育審議会「今後の地方教育行政の在り方について（答申）」では、地域住民の学校運営への参画という点から、教育計画等の保護者、地域住民に対する説明が求められるとしていたが、その後の教育改革国民会議報告（2000年12月）などをみると、学校評価の意義が学校選択と明確に結びつけられて論じられるようになっている。学校選択の自由化に端的に示される競争的な教育制度への改革という学校経営環境の変化のなかで、学校の自己点検・評価は、「教育の質と適正な競争を担保する客観的な仕組み」[1]という位置づけを与えられるようになっているのである。

　こうして、教師と学校は自己評価の遂行を迫られている。政策が推進する自己評価の理念は、自主的・自律的な研修を通じて、個々の教師と

教職員集団が力量を高め、学校の教育活動をよりよいものにしていくという、従来からの教師の自主研修や学校づくりの理念とは異なるものであるように思われる[2]。だがこんにち、こうした一連の政策に対峙している教師と教職員組合運動のなかには、ただ政策を批判するだけでなく、自己評価をより積極的に教師の専門家としての成長と学校づくりに結びつける必要性の自覚が生じているように思われる[3]。教師の力量形成や教職員集団としての教育実践の質的向上における「自主性」の質を反省的に問いなおしながら、政策として打ち出されているものとも異なる理念に基づく自己評価の理論＝実践的な模索が行われるべきであろう。

## 2　自己評価に対する教師の姿勢

**「ただでさえ忙しいのにやっていられない」**

　そうはいっても、自己評価を義務づけられたり、なかば強制的に奨励されたりすることに対しては、「ただでさえ忙しいのに、そんなことをしている余裕はない」というのが多くの教師の率直な反応であろう。教師の多忙化とゆとりの希薄化にますます拍車がかかっている状況は、最近の諸調査からも十分にうかがい知ることができる。たとえば、全日本教職員組合が2002年5月から6月にかけて実施した、「教職員の生活と勤務・健康調査」によれば、日本の教職員の超勤時間は月平均80時間を超えており、慢性的な身体的・精神的疲労を抱え、回答者の半数以上が過労死の不安を感じている。10年前に行われた同様の調査と比較しても、健康破壊につながりかねないほどの労働条件の悪化がさらに進行している様子をうかがい知ることができる[4]。

　こうした多忙化やゆとりのなさは、教育改革の諸施策が矢継ぎ早に学校に降ろされてきていることも関係があることは明らかである。国立教育政策研究所の菊地栄治総括研究官らによる調査でも、校長を含む大多数の教師が「教育改革のペースが速すぎてじっくり取り組む余裕をなくしている」と感じており、「もっと中学校の教育現場の実態をふまえた教育改革にしてほしい」という要望を持っていることが示されていた。菊

地はこうした調査結果を踏まえて、「子どもと向き合っている教師の声を生かさなければ、実りが少ない・・・現場の実感を改革に生かす道筋をつくる必要がある」と重要な指摘をしていた[5]。

## 「自己評価は統制の手段に他ならない」

　教育改革の問題は、学校が改革のスピードに追いついていけないということだけにとどまらない。教師の実感や学校の現実から乖離した教育改革が包括的で抜本的なものであればあるほど、教師たちは自分達がこれまでおこなってきた実践の意味や価値が否定されたように受けとめてしまう。それは、教師の専門的力量が否定されることでもある。しかも、教師の資質・能力の問題を直接的に扱う、「指導力不足教員」対策、教員評価、教員人事管理システムなどの施策が教育改革の大きな一角を占めている。こうした状況のなかでは、教育行政機関が一方で「学校教育の成否は教員にかかっている」という趣旨の発言をいくら繰り返したとしても、教師たちは教育政策の基本に自分たちへの不信の存在を感じとらずにはいられないだろう。

　教師が自分のやってきたことや能力が否定される、すなわち「無力化」されるということは、時間的ゆとりのなさ以上に、ストレスの増大と結びつくものである。現代の教師が抱えている困難には、子どもたちや社会的状況の変化に原因が求められるものが確かにあるが、こうした教育改革や教育政策による意図的な「能力剥奪（de-skilling）」「専門性剥奪（de- professionalisation）」に起因するものも少なくない。そうした文脈のなかでの自己評価は、教師と学校の自主的・自律的な成長や発展ではなく、外的な基準への「自発的馴致」をはかるものとして機能しうる。教師たちが、自己評価は「教師と学校に対する統制を強める手段である」と受けとめるとすれば、それは「忙しくてやっていられない」という反応と同様、根拠のないものではない。

## 「いまさら言われなくても、もうやっている」

　教師の自己評価に対する姿勢として、もう一つ考えられるのは「いま

さら言われなくても、もう十分やっている」というものである。実際に教師個人として、あるいは教科や学年や学校単位の教師集団として、授業をはじめとする教育活動の振り返りを日常的に行い、行事や学期末・学年末などの節目でも総括や反省を行っているのが普通である。こうした振り返りや反省をなぜ行うのかといえば、個々の教師や教師集団としての力量と実践の質を高めるためであり、次の授業や行事、次の学期や学年に向けて改善の課題と方策を明らかにするためである。つまり、こうした取り組みの前提として、自己評価と教師の力量形成や学校教育活動の質的向上との関係は肯定的にとらえられているのである。

それでは「自己評価は統制のための手段に他ならない」という場合に、自己評価の意義をまったく否定しているのかといえば、そうではない。むしろ、教師の力量形成に貢献し、学校づくりにつながる自己評価の意義を確信するからこそ、政策的に強制される自己評価は否定されるのである。その前提にあるのは、教師は自主的・自律的な研修によってのみ、専門家として成長することができるという理論である。一方では「自己評価はもう十分やっている」という場合の自己評価がどのようなものであるかも問われなくてはならない。なぜなら、自主的・自律的な研修につながる自己評価ではなく、教師と学校の他律的な「開発」の一環としての自己評価が前提とされていることもありうるからである。すなわち、自己評価による自律的成長・発展と自己評価による他律的開発という二つの異なるカテゴリーがみられるのであり、このことを踏まえることは、自己評価の政策と理念を検討するうえで欠かすことができないことである。

## 3 教師の「反省的実践家」としての成長

教師の実践と専門性の本質的な特徴についての研究を参照することで、自己評価の論理をさらに明確にすることができる。このような観点でみたとき、近年の教師研究に大きな刺激を与えたのは、アメリカの哲学者ドナルド・ショーン（D. Shon）による、専門家の実践についての認識論的研究であり、次のような「反省的実践家」像の提示であったといえるだろう。

実践者は、不確かな状況の中で、驚きや困惑、混乱を経験できている。そして自分が直面している現象について省察し、また行動の中で暗黙となっていたそれまでの理解について省察している。そして、その現象の新たな理解と状況の変化とをともに生み出すのに役立つ実験を実行している。
　行為の中で省察する時、その人は実践の文脈における研究者となる。すでに確定した理論や技術のカテゴリーに頼るのではなく、独自の事例についての新たな理論を構成している。彼の探求は、その目的について、あらかじめ一致が見られる手段について考察するに留まらない。彼は手段と目的を別々にしておくのではなく、問題状況に枠組みを与えるように目的と手段を相互作用的に規定する。彼は思考することと行動することを分けていない。行為へと後で変換していく決定の方法を推論しているのであり、彼の実験は行為の一種であり、行為の実行が探求へと組み入れられていく[6]。

　教師が自分の直面している困難について、「これまでのやり方がまったく通用しない」というのをしばしば耳にする。自分の実践をそれまで支えてきた前提についての自信を失い、「これまでのやり方」とは違った新たな対応が必要であることを痛感しているが、なかなかそれを見出すことができない。「反省的実践家」としての教師は、こういう場面であれこれの方法のいずれかを選択するにとどまらず、問題状況そのものについて理解する枠組みの更新を行うことによって対応する、というのである。教師が行う授業や指導は、定型的に対応できる部分は限られており、状況に応じて刻一刻と変化することを求められる。問題それ自体が独特で、不安定なものであるため、問題に枠組みを与えて目的を明らかにすることと、目的を達成するための手段を選ぶことを峻別して行うことはできないという特徴も持っている。
　また、教師は自分の授業や指導について、どんなねらいを持って行っているかを尋ねられても、「子どもたちが授業に興味を示し、生き生きと学ぶこと」というような抽象的で曖昧にしか表現できないことが少なく

ない。それは、目的が教師と子どもたちとの人間的な係わり合いのなかで実現されるべき「質」や「過程」として表現されるものだからであり、係わり合いの結果として示されるものではないからである(7)。しかし、先に目的をはっきりさせなければ、行動を開始することができないのでもない。方法を選択しながら、同時に自分はどのような教育をしたいのかという目的についての理解を深めていっている。このような目的は教師の理想や願いに深く関係しており、それがどれだけ実現されているかの判断は価値的・倫理的性格を帯びたものである。

　ショーンが注目した「行為の中の省察」は、理論的知識をもたらすものではなく、具体的な状況において、ある方法で行動するという自律的な決定ないしは選択を導くものであった。一方、方法を省察的に選択し、実行することによって、従来の前提的な理解が深まり更新されてもいく。こうして、授業や指導の具体的な場面において、何がよりよい方法であるかの選択を行うのと同時に、その状況と自分自身の実践の目的と方法についての理解を深めていくというのが、「反省的実践家」としての教師の成長の理論であった。

## 4　自己評価の理念のとらえなおし

　ショーンが専門家一般を対象として、その実践に関する認識論的研究を進めていたのとほぼ同じころ、イギリスではローレンス・ステンハウスやジョン・エリオットらが、学校でのカリキュラム開発＝教育課程・授業づくりと、教師の専門家としての成長を一体のものとしてとらえる前提に立って、独自の理論＝実践的取り組みを展開していた(8)。ステンハウスが提唱した「研究者としての教師」の理念は、ショーンの「反省的実践家」とほぼ重なるものであったし、エリオットのアクションリサーチは、教師が「実践の中の省察」を行う能力を高めようとするものであった。エリオット自身は、教師が教室の具体的な場面で、目的ととられるべき最善の方法についての理解を同時に深めて、専門家として成長していくことを、アリストテレスの「熟考」概念を援用して、「実践的熟考

としての自己評価」と表現することもあった(9)。

ところが、自己評価は「行為の中の省察」あるいは「実践的熟考」としてのみ、行われるのではない。明確に定義されて、与えられた目的を達成するための技術的な法則の存在を前提として、それに照らして、自分の活動を意識的に監視するというのも自己評価である。このような自己評価によっても、教師の実践を向上させることはできるが、それは実践のうち技術的な法則として明らかにすることのできる部分に限定される。このような自己評価をエリオットは、「技術的法則の明示的知識に基づく自己評価」と呼んだ。その理論は、ショーンが批判的にその限界を論じた技術的合理主義にほかならない。

「技術的法則の明示的知識」を基準として教師の実践の質を高めようとするとき、そのための評価は自己評価でなくてはならないというものではない。法則に精通した外部の評価者が教師の技術的に劣った実践を指摘して、その矯正策を指示すればよいからである。こうした外側からの評価と自己評価が並行して行われるとき、教師が自主性・自律性を実質的に失っていることを見えにくくする効果を自己評価に期待することができる。さらに、このような評価はしばしば、教師が持っているそれまでの専門的知識から出発するのではなく、むしろ別の法則的知識をもって置き換えようとするものであり、教師の専門性を剥奪するものとなる。政策が推し進める自己評価が、価値性・倫理性を排除した確定的な教育目的に基づき、もっぱら技術的法則を基準とするものであるならば、それは「統制の手段としての自己評価」として機能するものであることが予想される。

すでに述べたように、エリオットのアクションリサーチは、教師による「実践的熟考としての自己評価」を促進しようとするものであった。それは教師の専門的な自律性を外的な統制から守ろうとすることであったが、同時に既存の実践知に固執する教師の姿勢を厳しく批判することでもあったことに注意する必要がある。教師たちは自分自身の実践の経験を通して、また先輩や同僚教師たちの実践を観察し、模倣するという経験を通して、コツとカンといわれるような実践知を発展させている。それはある程度共有されるものだが、理論のように明確に表現されるも

のではない。具体的な実践に即してはじめて、この部分は改めなくてはならないというような指摘の形で伝えられるのであり、しかもその理由をはっきりと示すことができないという特徴を持った知識である。

　実践知は具体的な状況において、どのような行動が必要とされているかを評価し、判断する能力である。しかし、暗黙的な実践知を基準とする自己評価にはおのずと限界がある。なぜなら、それによって到達できるのは、既存の実践知を効果的に活用できるという水準までだからであり、「これまでのやり方では通用しない」とされている困難を打開することはできないからである。「いまさら言われなくても、もうやっている」とされる自己評価が、既存の実践知自体の修正や更新をもたらし、創造的な対応を生み出すことができるものになっているかを教師自身が常に問うていかなければならない。

　新しい教員評価の導入、10年経験者研修などの行政研修体系の整備と強化、「指導力不足教員」対策などの政策動向からは、教師の成長に関する責任を教師自身に委ねることはしないという意図をみてとることができる。教師や学校の自己評価も、こうした政策的枠組みのなかに位置づけてみなければならない。しかし、教師の自主的・自律的な専門家としての成長は、ある種の自己評価を不可欠の前提としていることも明らかである。「ただでさえ忙しいのにやっていられない」という教師の反応は十分に理解できるものであるが、すべての自己評価を拒否することは、教師の専門性と自律性を自ら放棄することにつながりかねない。

　エリオットが「実践的熟考としての自己評価」を促進するためのアクションリサーチで最も強調していたのは、教師の自己評価を同僚の教師や生徒たちとの協同の探求にしていくことであった。そのための方略の一つが、授業の様子を録音したテープ、授業者である教師のインタビュー記録、授業に参加していた生徒たちのインタビュー記録などを材料にして、授業者本人と同僚の教師が議論しあいながら、問題についての理解を深め、実践的な仮説を立てて検証していく、トライアンギュレーション（triangulation）と呼ばれる方法であった。自分の実践に対する同僚教師や生徒からのフィードバックにオープンであればあるほど、教師の「実践的熟考としての自己評

価」能力は高まり、実践の変化をもたらすことができる、というのがプロジェクトから引き出された結論の一つであった。

　教師の実践は、そのめざすものがしばしば抽象的で曖昧であるうえに、目的に対する手段が法則的に明らかになるようなものではない。こうした性格を持つ実践は、必然的に教師個人の価値的な判断を含んでおり、その正しさは一義的に決定できるものではない。教師の実践をそのようなものとしてとらえれば、具体的な状況のなかで、どのような価値の実現をめざし、その目的を実現するために何をなすべきかについて、同僚教師との持続的な対話を行っていくことが、実践の質を高めるために不可欠である。

　さらに、教師の実践が本質的に価値的で論争の余地を残すものであるならば、常にその過程を子どもや保護者、地域に向けて開き、自分の選択について説明し、意見を求め、議論する義務を教師は当然のこととして負っている。同僚教師や子ども、保護者、地域に向けて開かれ、教育実践の目的と過程、質についての協同的な対話を基盤とする自己評価を行うことは、教師の成長に対する責任を教師自身が負うことなのである。

(1) 政府総合規制改革会議「規制改革の推進に関する第二次答申」(2000年12月)。
(2) たとえば、神田修『教師の研修権－学校教育と教師の地位－』(三省堂、1988年)を参照。
(3) こうした要求の一端については、勝野正章「『評価から参加へ』をめぐって」『季刊人間と教育』36号（旬報社、2002年）を参照。また、とくに学校完全週5日制が開始された2002年度の夏期休暇中の自宅研修問題以来、研修の自主性・自律性の意義を再確認しつつ、県民・市民の付託に真に応えうる研修とは何かということが改めて真剣に問われ始めているように思う。
(4) 新聞全教、第246号（2003年2月25日号）。
(5) 朝日新聞（2002年9月22日）。
(6) ドナルド・ショーン（佐藤学・秋田喜代美訳）『専門家の知恵　反省的な実践家は行為しながら考える』（ゆみる出版、2001年）119ページ。日本には、佐藤学氏がいちはやくショーンに注目して、「反省的実践家」としての教師像の探求に先鞭をつけた。

(7) このような目的は実践の結果によってではなく、実践の過程のなかで実現される。もちろん、教師の実践の目的には、数値のような具体的な目標として表現できるものも含まれるが、決してそのような目的だけということにはならない。この点において、教育（education）は訓練（training）とは異なる実践として区別される。リチャード・ピーターズ（三好信浩・塚崎智共訳）『現代教育の倫理　その基礎的分析』（黎明書房、1971年）を参照。

(8) J. Elliott (1998) *The Curriculum Experiment Meeting The Challenge Of Social Change,* Birmingham:Open University Press.および本書2章を参照。

(9) Elliott, J. (1983) Self-evaluation, professional development and accountability, in Galton, M. et al. *Changing Schools...Changing Curriculum,* London: Harper and Row、アリストテレス（高田三郎訳）『ニコマコス倫理学 上』（岩波書店、1983年）。

# 4章

# 現代イギリスにおける教師の勤務評定制度
―職能成長モデルの検討

## 1 アカウンタビリティモデルと職能成長モデル

　1991年7月、ケネス・クラーク(K.Clarke)教育科学大臣は、教師の勤務評定に関する規則(The Education〔School Teacher Appraisal〕Regulation 1991)を制定した。これによって、イングランドとウエールズのすべての公費維持学校(maintained school)と国庫補助金維持学校(grant-maintained school)の教師を対象にして、1994－95年度までに順次、勤務評定が実施されることとなった。この規則制定は、1986年第二教育法49条によって教育科学大臣に与えられた権限に基づくものであったが、それまでに数々の政策文書や政策担当者が勤務評定実施の是非、目的、内容に言及しており、勤務評定問題は教師・教員組合、教師の雇用主（地方当局）、中央政府の間での論争点となっていた。

　ところで、エヴァンズ(A.Evans)とトムリンソン(J.Tomlinson)は、勤務評定制度が導入されるに至るまでの経緯と背景を、学校と教師に対するアカウンタビリティ要求の高まりと学校改善運動(school improvement movement)という二項図式を用いて整理している[1]。彼らが学校改善運動と呼んでいるのは、1970年代後半から勢いを増した学校教育批判に対して、教師、地

方教育行政機関、教育関係者が主体的に、広範で生活に関連した（broad and relevant）カリキュラム、より適切な教育方法と評価方法を模索しようとした取り組みである。

　エヴァンズとトムリンソンは、この二つの潮流が1970年代半ば以降、相互に影響を及ぼしあってきたとみるが、基本的には両者から導かれる勤務評定モデルは「排他的であり、うまく結合させることは不可能である」と結論している。前者からは、もっぱら解雇、昇進、昇給、業績主義給与などの決定を目的とする勤務評定の「アカウンタビリティモデル」が、また学校改善の取り組みからは、教師の教育的力量を高めることを目的とする、「職能成長（professional development）モデル」が導かれる。職能成長モデルが成功するためには、教師が一方的に評価されるだけではなく、評価者との間で率直な教育的論議を交わしうる、オープンで相互信頼に裏づけられた関係が不可欠だが、人事決定に連動した評価では、このような関係を維持することは難しいからである。

　また、職能成長モデルは、個々の教師による自己評価を重視するが、そもそも学校自己評価の一部として考えられていたこともあり、個々の教師の教育実践と学校の教育活動の質的向上を調和的にとらえるという特徴を持っている[2]。そのような意味で、アカウンタビリティモデルとは対照的に、教師集団の協同性を基礎にした勤務評定であるとされ、明らかに教師と教員組合にとって、より受け入れやすいものであった。

　本章では、まず勤務評定政策の展開を概観したうえで、職能成長モデルの論理を明らかにする。制度化された勤務評定は、あいまいな部分をいくらか残しながらも、職能成長モデルに基づくものであったといえる。政策の展開過程で繰り返し浮上しては、そのたびごとに激しい論争点になったのは、勤務評定を給与決定のために用いることや勤務成績不良な教師を排除する分限ないしは懲戒処分との連動であって、専門家としての成長を目的として勤務評定を行うことについては、ほぼ一貫して合意が得られていた。しかし、より詳細に職能成長モデルを検討すると、そこには教師の専門家としての成長にとって看過できない問題点があることを指摘できる。この問題点のために、職能成長モデルに基づく勤務評

定は、結果的に教師に対する政治的権力的な統制を強化する手段に転化しかねない可能性を持つように思われるのである。

## 2　1980年代における勤務評定政策の展開

　イギリスにおいて、全国的な勤務評定制度が1990年代に入るまで実施されてこなかった理由としては、2章でも触れたように、教師の教育実践の自律性を尊重する社会的通念を基盤として、実際にもそのように教育制度が運営されてきたことがある。しかし、1970年代後半以降になると、子どもの発達要求と社会的要求のいずれに対しても、学校教育が応えていないという批判の拡大と高まりを背景として、学校と教師の教育活動を学校の設置主体であり、教師の雇用主である行政機関がより厳格に管理すべきであるとする政策が現れるようになった。たとえば、1983年に公表された教育科学省の政策文書『教師の資質（Teaching Quality）』は、このような意味での教育行政機関の「責任」を次のように明示していた。

　　政府は、学校と教員が近年自己評価の課題に取り組んでいることを歓迎する。自己評価は、学校の教育水準とカリキュラムの質を高めることに役立つであろう。しかし、その一方で、雇用主が教員を効果的に管理するためには、個々の教員の勤務成績に関する正確な知識を持つ必要がある。このためには、教員の業績の公式的な評価が必要である。それは、校長または教科の責任者による授業観察を基礎として、生徒の学習活動と学校全体の活動の両方に対する教員の貢献度を評価するものでなくてはならない。…（中略）…教員管理の責任者は、教員団体と協議のうえ、個々の教員の勤務成績の体系的な評価に基づき、当該学校の教育課程方針を考慮に入れて、教員配置と現職教育の方針を定める明確な責任を有するものと言うべきである[3]。

　この叙述からもうかがえるように、当時、教師の勤務評定問題は中央政

府主導の政策というよりも、雇用主である地方当局と教員組合の労使交渉の議題とされ、教師の職務規定の一部として導入されることが予定されていた。この背景には、教師の職務の困難度がますます高まっているにも関わらず、給与水準が長い間抑制されてきたため、特に1980年代に入ってからの保守党政権による緊縮財政政策のもとで、教員給与の労使交渉の場であったバーナム委員会（Burnham Committee）での協議が毎年長期化し、教員組合による争議行為が頻発していたことがあった[4]。そこで、教員給与体系の抜本的な再検討と職務範囲の明確化の必要性が労使双方によって合意され、1981年には、「教員給与と労働条件の構造的改革のための労使合同ワーキンググループ（Joint Structure Working Group）」（以下、ワーキンググループ）がバーナム委員会内に設置されていた。

ワーキンググループの議題のうち、給与水準の抜本的改善はすべての教員組合の一致した要求であったが、業績主義給与や特別手当による処遇差異化の提案については、教員組合間で意見が対立していた。そして、勤務評定問題もワーキンググループにおける議論の一焦点であった。1984年11月の地方当局側からの提案では、「教員の専門的能力の向上は在職期間を通じて継続的に行われることが不可欠であるから、教員一人ひとりが学校を基盤とする勤務評定の過程に参加することが求められる…（中略）…勤務評定の目的は、業績と専門的能力を向上させる必要性、そのための適切な機会および逆に向上を阻害する要因を明らかにすることである」とする一方で、「満足な水準の勤務成績が達成されていないと校長が判断した場合には、年次昇給は見送られるべきである」として、勤務評定と昇給を直接結びつける考え方も示されていたからである[5]。

地方当局側の提案に対する教員組合側の反対は、一定の制約条件のもとでの昼食時の生徒監督（lunchtime supervision）と欠勤した教師の授業代行を義務化したいという提案と、勤務評定の実施、とりわけ校長に教師の年次昇給を見送らせる権限を与えるという構想に向けられていた。複数の教員組合のなかで、最大規模の全国教員組合（National Union of Teachers）は労働条件の悪化に対する強い懸念を示し、全国学校教師協会／女性教員組合（National Association of Schoolmasters／Union of Women Teachers）は、

勤務評定問題をとりあげて、「学校における教師関係を悪化させる極端に馬鹿げた考え」だと反対した。しかし、その一方で教員専門職協会（Professional Association of Teachers）は、「有能で誠実な教師であるならば、このような計画について何を恐れる必要があろうか」と、勤務評定の結果、満足な業績を示すことのできない教師の年次昇給の見送りを支持する見解を表明していた。勤務評定結果の昇給決定資料としての活用については、教員組合間の足並みもそろっていなかったのである[6]。

ただし、全国教員組合と全国学校教師協会／女性教員組合も全面的に勤務評定に反対していたのではない。むしろ、教師の評価を有益な再教育や研修プログラムの実施につなげていくために、勤務評定を正式な制度として確立する必要性については、教員組合間、労使間を問わず全般的な意見の一致をみていたのである。つまり、勤務評定に対する意見の相違点は、給与体系の差異化そのものに対する賛否とも関連して、これを賞罰的に利用することの是非をめぐるものであったのである。この溝は容易には埋まらず、ワーキンググループでの協議は難航を極めていた。

1985年1月、キース・ジョセフ（K. Joseph）教育科学大臣は、イングランド北部教育会議での演説で、勤務評定実施の必要性をあらためて強調するとともに、ワーキンググループで合意が得られない場合には、法律によって全国的に導入する用意があることを明らかにした。この演説のなかで、ジョセフは生徒減と財政削減によって、このままではさらに教師の待遇が悪化するという問題を解決するには「教室と学校経営両面における高水準の勤務成績を、より高額の給与に結びつけるのが最も可能性の高い方法だ」と述べた。すなわち、給与水準の全般的な底上げによってではなく、業績に基づく競争主義的な給与格差の導入によって、待遇向上の要求に応えようというのである。また、ジョセフ教育科学大臣は、これに先立つ1984年頭の所信表明において、適切な現職教育と研修を実施しても勤務成績を満足な水準にまで高めることができない教師については、これを排除する（weed out）ために勤務評定を用いる可能性にも言及していた[7]。

しかし、勤務評定の結果を昇給や業績主義給与、成績不良教師の排除のために用いるという考え方は、これ以降の政策展開のなかで次第に後退し

ていく。1985年3月の産業協会（Industrial Society）総会において、教育科学省事務次官は満足な評定結果を条件とする昇給という考え方には一切言及せず、どのような勤務評定を行うかについての責任は教師集団自身が負うべきだが、教育科学省が望んでいる勤務評定は「建設的、援助的かつ発展的（constructive, supportive and developmental）」なものであると発言した。そして、具体的には、勤務評定は次のような機会となることが望ましいとした[8]。

・自分の勤務状況を管理職がどうみているかを教師が知る機会
・個々の教師の努力だけでは限界のある課題を明らかにする機会
・教育活動に関わる課題が共有され、経験に裏づけられた援助と解決が模索される機会
・個々の教師がキャリア開発を行い、職能成長の必要について考える機会
・学校全体としての教育の質を高めるために、個々の教師が何をすべきかを明確にできる目標を設定する機会

続いて、同年7月23日には、ジョセフ教育科学大臣が下院教育専門委員会において、「教育科学省および全国教員組合等の団体からの助言によって、私は教師の勤務評定の意義は職業能力とキャリアの開発、現職教育、昇進との関連においていっそう大きいのであり、給与とは間接的にのみ関連すべきであることを認識するに至った」と発言し、とりあえず業績主義給与という要素を勤務評定構想の中心にはしないことを明らかにした[9]。この発言のなかで言及されている「助言」とは、全国教員組合の『教師の勤務評定と教師の資質（Teacher Appraisal and Teaching Quality）』（1985年）やサフォーク地方教育当局の『かがり火を掲げる人々（Those Having Torches）』（1985年）等を指している。このうち『かがり火を掲げる人々』は、教育科学省からの補助金を受けてサフォーク地方教育当局が行った勤務評定に関する調査研究の報告書であり、職業能力とキャリアの開発のための勤務評定の意義を強調し、勤務評定と給与を連動させることに

ついては、はっきり否定した内容であった[10]。

　この教育科学省レベルでの政策変更が、労使交渉における勤務評定問題の進展に大きく貢献したことは確実である。1986年1月には、全国教員組合を除くすべての労使団体の合意に基づき、ワーキンググループでの議論を継承するために政府内に諮問・調停・仲裁部門（Advisory, Conciliation and Arbitration Service、以下 ACAS）が設置され、専門調査委員会で給与体系、労働条件に関する審議が続けられたが、そのなかでは勤務評定に関する合意がもっとも早く達成された。それは、教師の専門家としての成長とキャリア開発を援助すること、教員配置と現職教育が教師と学校の必要に適合したものであるようにすること、職務上の困難を抱えている教師を援助することを勤務評定の原則として確認するものであった。また、勤務評定と成績不良教師の排除の関係については、「懲戒手続きはまったく分離したものになるが、評定記録から必要な情報を得ることはありうるだろう」[11]と間接的な関連性を示唆するにとどまった。

　ACAS合意を受け、教育科学省は6地方教育当局（Cumbria, Croydon, Newcastle-upon-Tyne, Salford, Sumerset, Suffolk）に補助金を交付して、1987年から1989年まで3年間の試行の実施を委託した。この試行は、ACAS合意に則り、当該地方教育当局、各教員組合、雇用主団体、教育科学省からの代表者で構成される全国運営委員会（National Steering Group、以下 NSG）が統括し、全国学校経営研修センター（National Development Centre for School Management Training）、ケンブリッジ大学教育研究所の研究チームがそれぞれ全国調整機関と評価機関として加わって実施された。1989年、NSGは試行の結果を報告書『学校教師の勤務評定：全国的枠組み（School Teacher Appraisal: A National Framework）』[12]にまとめて、教育科学大臣に報告した。NSG報告書は、試行において生じた勤務評定実施上の諸問題を検討するとともに、ACAS合意で確認された原則に基づく勤務評定制度の全国的な導入を勧告したのである（NSG報告書の概要は、章末に資料として掲げた）。

　しかし、1989年10月、NSG報告書を受けた教育科学大臣ジョン・マクレガー（J.MacGregor）は、中等学校長協会（Secondary Heads Association）

4章 現代イギリスにおける教師の勤務評定制度

総会において、当初予定されていたように、すぐに勤務評定制度の全国的実施に踏み切るのではなく、さらに6ヵ月間の協議期間を設けることを表明する。これは、1988年教育改革法による諸施策の実施を迫られている教師の負担をさらに増加することに対する懸念によるものであると説明された。これに対して、NSG報告書をすべての教員組合間の一致点として評価していた教員組合は、全国的な導入が先延ばしにされている間に、NSG報告書に基づかない形で地方教育当局が独自に勤務評定を実施する可能性に危惧を表明した。とくに、教育科学省が公表した協議資料のなかの「意見を歓迎する点」の一つに、「勤務評定は奨励手当てを含む、昇進・給与に関する決定にどのように活用されるべきであるか」が含まれていたことから、地方教育当局にNSG報告書に基づかない勤務評定制度を導入しようとする動きがあった場合、それを阻止するよう組合員に呼びかけた教員組合もあった(13)。この批判に直面した教育科学省は、1990年2月に副大臣が「奨励手当てと昇給は勤務評定との間に直接的関連を持たない」と言明せざるを得なかった(14)。

1990年9月、教育科学大臣は制定が予定されていた規則の代わりに、NSG報告書の勧告をほぼ踏襲した、法規的性格を持たないガイドラインを公表し、同時に全国一斉の導入は行なわない旨を表明したが、今度はガイドライン素案に勤務評定に関する校長の強い発言権とすべての評定書を学校理事会がみることのできる権利が盛り込まれていたことから、再び教員組合の反発を招いた。NSG報告書では基本的に教師間の信頼に基づく専門的な性格を持つものとされていた勤務評定が、校長に強い権限を与え、学校理事会に広範囲の関与を許すことによって、性格が変わってしまうというのが、その理由であった(15)。

ところが、勤務評定の全国的実施が見送られたため、勤務評定制度導入のための予算を他の支出に振り分けるなどする地方教育当局が現れはじめていた1990年12月、マクレガーの後任となったケネス・クラーク（K. Clarke）教育科学大臣は、教師の資質能力向上のためには勤務評定制度の全国的実施が喫緊の課題であると述べて、突然の政策転換を表明したのである。クラーク教育科学大臣は、問題の焦点であった勤務評定と業績に基

83

づく給与との関係をあらためて否定し、NSG報告書の勧告を基本的に受け入れた内容での専門的な評価を導入すると発表した。教師の労働負担の増加につながると反対した全国学校教師協会／女性教員組合を除いて、業績に基づく給与に直接結びつかないことが保障されるのであれば、全国的実施を支持すると教員組合はこれを積極的に受けとめた[16]。1991年5月には規則素案中の保護者が勤務評定に関与することができるとの規定に対して、教育組合が反発を示したが、結局7月に制定された規則は、学校理事会と保護者による勤務評定への積極的な関与の記述を欠いたものとなった[17]。それは、「大筋でNSG報告書を踏襲したもの」として教育組合からも概ね好意的に迎えられたのである[18]。

　このようにみてくると、政府が勤務評定政策をともかくも推進するためには、教師と教員組合からの要求と批判に譲歩せざるを得なかったことは明らかである。少なくとも制度上は、評定結果を昇給や業績主義給与、成績不良教師の排除のために用いることではなく、あくまでも教師の職能成長とキャリア開発が勤務評定の目的として定められた。しかし、教師と教員組合が政策の形成過程に一定の影響力を行使できたからといって、勤務評定が実施されるなかで、制度化された目的がどれだけ実現されるかは不確かである。ジョン・エリオット（J.Elliott）は、勤務評定政策の動向に批判的な立場から、「創造的遵奉（creative conformity）」という抵抗戦略を教師に期待している。

　　遵奉とは、レトリック（制度目的）としての理念を実践においてあくまで貫き通そうとすることである。創造的とは、レトリックによって正当化されうる、理念の再解釈を常にはかり続けることである[19]。

勤務評定は実際に教師と学校に対してどのような影響をもたらしていたのだろうか。この問題は、本章の最後で再びとりあげる。

## 3　勤務評定の職能成長モデル

### (1)「職能成長としての評価」

　1980年代からの勤務評定政策の展開は、教員評価に関する研究の進展も促すことになった。なかでも、地方教育当局で行われた勤務評定の試行に多くの研究者らが関わったことが、勤務評定の職能成長モデルが発展する契機となったと言える。

　職能成長モデルは、個々の教師の職能成長の必要を明らかにし、その必要を満たすように研修・現職教育を方向づけることを主な目的とするものである。評定面接において評定者と教師の間で合意された目標に基づいて、教師が適切な研修を受講すること、管理職や地方教育当局はそのような研修の機会を保障すべきことが強調される。その後も、随時進捗状況を確認しあいながら、教師は職能成長のための取り組みを続け、勤務評定サイクルの終了時点で正式な総括面接を行い、それまでの成果を検討して、次のサイクルへと円滑な接続が行われるように構想されている。

　このように適切な研修・現職教育のために、教師の職能成長の必要を診断するという勤務評定の機能は「職能成長のための評価」ということができる。しかし、職能成長モデルにおいては、同時に「職能成長としての評価」というべき機能が勤務評定に与えられていることに注目する必要がある。その論理は、教師が勤務評定の過程に参加すること自体、自分の教育実践に対する反省と認識を深める、教師の専門家としての成長の機会であるというものである。

　職能成長モデルでは、教師による自己評価の意義が強調される。自己評価は評定者が行う評価のための資料を被評定者である教師自身が提供することで、評価の客観性を高めるのに役立つとされるが、それだけではない。教師は自己評価を通じて自分の教育実践を振り返り、優れた点や劣った点を認識するのであり、研修や現職教育の受講を待つまでもなく、自己変革的に教育実践を改善していくものと考えられている。自己評価は「勤務評定のための体系的な資料収集それ自体が、実践に対して

有益な知見を与え、その意味において教師の専門性を向上させることに役立つ、発見の方法論」[20]なのである。

　自己評価が評価のための資料収集の手段にとどまらず、それ自体「成長の焦点（developmental focus）」[21]であるのと同様に、授業観察も教師の専門家としての成長にとって重要な役割を果たすと考えられている。たとえば、NSG報告書は、授業観察が持つ二重の意義を次のように述べていた。

　　当初、教室での被評定者の観察は、主に教育実践についての情報を収集する過程の重要な一部として、すなわち、評定面接の準備段階として考えられていた。…（中略）…しかし、試行での経験は、授業観察がその他の機能も果たしうることを示している。直後に観察者の意見が述べられ、それに基づいて議論が行われれば、それ自体が有益な営為であり、教師はきわめて具体的な建設的コメントを参考にしながら、自己の実践を反省するよう促されるのである[22]。

　ボーリントン（R. Bollington）らの職能成長モデルでは、教師が自己の成長の必要性を認識できるよう支援する授業観察を「臨床的監督（clinical supervision）」という概念を用いて説明している。ここで「支援教師（support teacher）」と呼ばれる授業観察者の役割は、教師の実践のある具体的な側面について観察を行い、事実に基づく客観的フィードバックを行うことである[23]。

　この臨床的監督という概念は、教師が実践を変化させるのは、優れた教授活動という行動基準を外部から示されることによってではなく、教師自身が主体的に新たな信念や理論を形成することによる、という教育実践のとらえ方を前提としている。また、支援教師は、教師が従来の実践を変えていく際の不安や心理的葛藤に十分に配慮して、これを緩和するように努めなければならないのであり、教師の主観的な信念体系を理解しようと努めながら、「支援的であると同時に批判的な関係に基づく協同作業」[24]としての授業観察を行うのである。

授業観察がこのような批判的な協同作業であるためには、何よりも評定者と教師との間の共通理解と信頼が不可欠である。また、授業観察者には、教育実践の状況依存的な性質を十分に理解すること、観察的・臨床的能力を向上させることが求められる。優れた授業観察者は、教師が具体的な授業場面において有効と考える方法を選択した判断を基本的に尊重したうえで、客観的で建設的な意見を提供することによって、教師が自律的に自己の教育実践に対する理解を深めるよう支援するのである。「このような観察的・臨床的能力に依拠した勤務評定は、学校の発展にとって有益である。その能力は教師と校長が自己の職務をどのように遂行するか、また自己の責任をどれだけ効果的に遂行できるかを左右する基本的な要因に影響を与えるものである」[25]とされる。

　また、勤務評定が果たす「職能成長としての評価」機能に注目したとき、個々の教師の実践と学校の教育活動、専門家としての成長と学校組織としての発展を密接に関連するものとしてとらえるのも、職能成長モデルの特徴である。教師の実践が学校の組織的文脈に強く規定されていることは言うまでもない。そのため、教師が行う自己の教育実践の反省には、学校の組織や運営に対する評価が必然的に含まれることになる。つまり、教師の自己評価はまったくの個人的反省ではありえないのである。

　この点、デヴィッド・ホプキンス（D. Hopkins）らの職能成長モデルも、教師の自己評価を学校全体の教育活動の点検（whole school review）と結びつけて行うことで、個々の教師の勤務評定が学校全体の文脈に位置づけられて、より実質的なものとなり、また共通の組織的視点が与えられるために教師間のコミュニケーションが改善され、学校の教育活動を高めるための有効な方略を生み出すことができると主張している[26]。ホプキンスらの議論は、GRIDS（Guidelines for Review and Internal Development of Schools）というフレームワークを用いた学校自己評価と教師の勤務評定を意図的に連動させて実施した初等学校の事例研究に基づくものであるが、その学校の教師は学校評価の一環として行われた教師の自己評価の意義を次のように述べていた。

それは、ゆっくりとあたりを見渡すことのできる機会であったし、学校に関わっている者すべてが学校経営面、カリキュラム面を問わず、あらゆる性質の事柄に関する意見を述べ、共有できる機会だった…（略）…学校の良いところと悪いところを明確にすることで、個々の教師が学校における自分の役割と必要性を明らかにすることができるだけでなく、その結果として、学校内でどのような研修を優先的に行うかを決定するのにも役立った[27]。

　バックラー（T. Buckler）も、カンブリアでの勤務評定の試行の経験に基づいて、「教師の職能成長は、カリキュラムと組織の検討、学校全体の教育活動の点検、発展と歩調をあわせるときに最も生じやすい」[28]としている。しかし、ここで注意しなければならないのは、教師の実践や成長を学校の組織や教育活動との関連でとらえるということは、教師の自己評価や反省を通して、学校の教育活動の質を問い直すという方向性だけでなく、逆に、教師の自己評価やその結果としての職能成長のための目標設定が、学校全体の教育目標によって強く規定されてしまうことにもなりうることである。

　職能成長のための目標を正式に設定するのは、教師と評定者との面接であるが、職能成長モデルでは、けっして評定者が一方的に評価を下すのではなく、組織における日常的なコミュニケーションの延長である「純粋かつ双方向的な対話」[29]を通して、信頼と共通理解に基づいて問題を解決する方策を講じるためのものでなければならないことが強調される。同時に「純粋かつ双方的な対話」は、個々の教師の目標と組織の目標を調和させるためのものでもある。

　　個々の教師の目標は、学校全体の目標と計画という文脈の中で設定しなければならない。本質的に、勤務評定は教師個人の目標と組織の目標を調停するうえで重要なものである。この点において、勤務評定は組織の発展計画の一部であるといえる。そして、学校発展計画（school development plan）が加わることで、このつながりはより明確

なものになる。実際に、勤務評定は学校の教育活動の諸側面を診断、検討して計画の作成を可能にするのであり、また、その計画がうまく進行しているかどうかを評価する手段としても機能する。要するに、勤務評定と学校発展計画は全体的な組織目標の遂行に向けて、個人を動機づけ、個人の目標と必要を方向づけ、調停することによって、学校におけるリーダーシップを強める機会を提供するのである[30]。

モリソン（M. Morrison）は、学校の組織的統一性を強化し、組織体としての効果を高める目的をもって、学校発展計画と教師の勤務評定を意識的に連携させた学校の取り組みについての事例研究を報告している。この研究の目的は、ある計画を実施する際、どのような組織的意思決定の形態が望ましいか、そしてその際に働く校長のリーダーシップの性質はどのようなものであるかを分析することであった。事例研究の対象となったキートサイド初等学校（Keatside Primary School）では、校内研修の一貫として学校の教育目標と教育活動を点検し、将来の教職員集団構成についての議論を行い、さらに個々の教師の自己評価を経て、学校のカリキュラムと経営組織についての発展計画を立てるという取り組みが行われていた。

その取り組みの意図は「教職員参加に基づいて、学校全体としての発展戦略」を練り上げようというものであり、教師が学校全体の教育活動に自分の実践を位置づけて、成功と失敗を認識できるような「反省促進的環境（questioning atmosphere）」を学校内に醸成することであった。その結果、教師が自己の目標を組織的観点に立って設定できるような「形成的反省（formative questioning）」を行うことで、全学校的な目標に関する合意を得ることができ、校長のリーダーシップと学校の組織的統一性も強められたという。「キートサイド初等学校の教師たちは、勤務評定によって自己の成長目標を定めることで、教師の役割は個々の教室を超えたものであることを確信したのである。」[31]

## （2）学校組織と教育実践に関する前提

個々の教師と学校の教育活動の質を高めるためには、組織的な観点か

ら合意された目標の達成に向けて教師が献身的に取り組むことが必要であるというのが、職能成長モデルの特徴であった。そして、「純粋かつ双方向的な対話」を通じて達成される相互信頼に基づくコミュニケーションの向上、意思決定過程への参加などが、「反省促進的環境」といわれるような学校文化を促進するための組織の特徴、管理形態であると考えられている。一方、勤務評定のアカウンタビリティモデルでは、所与の基準によって、いかに効果的に教育活動と組織を規制するかが中心的な課題となる。

　勤務評定がどのようにして個々の教師の教育実践の向上、そして学校の教育力の向上に貢献するかという点に関する、二つのモデルの違いはスカイズ（G. Skyes）のいう「傾倒戦略（commitment strategy）」と「統制戦略（control strategy）」の違いに相当するものであろう。スカイズは、それぞれの戦略と学校組織における教師間の心理的関係との関連について、次のようにいう。

　　学校の教育力の向上の成否は問題発見、すなわち現在の活動の規則的、持続的かつ制度化された精確な調査にかかっている。しかし、そのような精査に対する傾倒を促進するのは容易ではなく、信頼、相互尊重、使命に対する自発的な傾倒といった支援的な条件を必要とする。逆に、学校の教育過程と成果への外部からの統制は、学校内における問題隠蔽を助長し、猜疑、不信、自己保身といった状況を助長する[32]。

　また、二つのモデルは、それぞれが対照的な学校組織観を前提としているように思われる。すなわち、職能成長モデルは学校組織の「主観主義的」な理解、アカウンタビリティモデルは「客観主義的」な理解に基づくものであるようにみえる。ここで、主観主義的な学校組織観というのは、次のような理解をさしている。

　　学校組織に関する、より合理的ではないモデルが依拠している考

えは、効果的な教育活動は上位権威者による意図的かつ合理的な計画によっては導かれないというものである。…（中略）…これは、組織の構成要素がゆるやかに連結されているという学校組織の理解のしかたである。学校は自然におけるシステムと似たやり方で機能している、という考え方に基づくのであれば、官僚制的な手続きを押し付けるということにはならないであろう。官僚制的な手続きがなお用いられるかもしれないが、その限界が考慮され、教師と文脈が固有の変数として注意されなくてはならない。このように学校を自然主義的にみることは、**教育活動にふさわしい専門職的構造（professional structure for teaching work）という発想につながる**(33)。

しかし、職能成長モデルの問題は、まさにこのような主観主義的、自然主義的な学校組織観を前提としているように「みえる」ところにあるのではないだろうか。

　主観主義的な学校組織観にしたがえば、構成員である個々の教師はそれぞれ固有の規範や目標を有しており、それらを包括する形での合意形成は不可能とまではいわなくとも、きわめて困難である。それにも関わらず、勤務評定の職能成長モデルでは、教師の目標と学校組織の目標が矛盾なく、合致するように描かれている。ほんらい、合意形成は権力関係に基づく諸個人間の相互交渉と譲歩の過程である。教師が勤務評定の過程に参加することによって、学校組織の目標に傾倒しているようにみえるのは、権力的な統制の結果によるものであるかもしれないのである。

　このような学校組織における予定調和的な合意形成の問題性は、職能成長モデルが前提としている教育実践観について、さらに深く検討してみることで、いっそう明確になるように思われる。教育実践のとらえ方としては、大雑把に言って、一方に有効な教育実践を遂行するのに必要な知識や技能、人格的特性などは客観的に明らかにすることが可能であり、個々の教師がそれらを身につけている程度を測定することも可能であるという「技術的合理主義」による理解があり、他方に教師が具体的な場面において行っている実践的な判断、すなわち「実践的熟考（practical deliberation）」

（ジョン・エリオット、3章を参照）を重視する理解がある。

　職能成長モデルは、教師が授業をはじめとする教育実践を変化させていくのは、自分の教育活動を批判的に反省するという自律的・発見的な学習によって、新たな信念や理論が形成されることによってであるとしているのであり、その限りでは、2章でみたステンハウスの「研究者としての教師」論やエリオットのアクションリサーチ論と共通する、教師の専門家としての成長のとらえ方を前提としているようにみえる。しかし、ここで重要なのは、職能成長モデルにおける教師の「学習」が教育活動の技術的側面に限定されず、教育実践の目的や価値に関わる深い認知的水準の学習になるかどうかということである。

　教育実践における目的や価値といった主観的要素を重視すれば、ますます葛藤や軋轢が生じやすくなるであろう。それにも関わらず、職能成長モデルでは、個々の教師が教育実践の質を高めようとする目標と学校としての教育活動の向上のための目標が矛盾なく調和するものとされていた。それでは、教育の目的や価値に関する根本的な反省が生じる余地は残されていないのではないだろうか。

　この点に関して、イングランドとウエールズではなく、スコットランドの勤務評定政策についてではあるが、ハートリー（D.Hartley）が興味深い指摘をしている。近年の子どもたちを対象とする全国テストと教師を対象とする勤務評定の導入を進める政策は、それぞれ子どもと教師の発達や成長の必要を満たすためという目的を掲げているが、実は強力な中央集権的教育管理の意図を隠蔽するレトリックであるという点で共通しているというのである。そして、勤務評定の前提とされている、教育実践観を次のように分析している。

　　　それは能力と業績を基礎とする教師の能力開発の理念型を示すものである。…（中略）…その行動主義的前提によれば、教師の専門家としての成長は教授の技術的方法にのみ関わるのであり、教育そのものの目的の分析には関係しない。それは、観察し記録できるものだけを対象とする。したがって、教師の専門的実践は

基準化された能力のリストに還元され、状況に関わりなく、頻度計測や統計処理が可能なものとなり、コンピュータのデータベースとして保存できるようなものとなる。それは、教室における社会的過程を個別的な出来事の統計的な記述へと還元することであり、その記述は教師自ら作成したものではない基準や標準にしたがって行われる評価の基礎として機能するのである(34)。

ボーリントンらの提示する職能成長モデルは、いっけん、このような教師の能力開発の理念型を否定しているようである。しかし、勤務評定の基準作成の際に依拠すべきものとして、優れた教育実践に関する研究、教育心理学の成果、個々の教師の経験に加えて、学校、地方教育当局、国家の定める教育目標をあげているが、これらが相互に矛盾する可能性についてはまったく言及していない。勤務評定の結果、設定される個々の教師の目標についても、それが学校組織全体として調整されるだけでなく、地方教育当局、国家の定める政策や目標と矛盾しないことがそもそもの前提とされているのである(35)。こうしてみると、職能成長モデルに基づく勤務評定が実際には、ハートリーのいう中央集権的統制を強化する可能性を否定できないように思えるのである。

## 4 教師の自律性と勤務評定－「遠隔操作」としての勤務評定？

教育制度の統治（ガバナンス）における最も根本的な問題は、教師の自律性に対する社会的受容と政治的権力的統制の関係である。教師の勤務評定は明らかにこの問題と関係している。教師と学校の教育活動の内容、質、結果に対する社会的受容の低下は、勤務評定政策の決定的な動因であった。また、教師は「雇用された専門職」ないしは「専門職的官僚（professional bureaucrat）」と呼ばれることがあるように、教育という営みにとって本質的に必要となる自律性を地方当局（政治当局）との間で雇用関係を結ぶことによって与えられているという側面がある。その意味で、教師の自律性にとって政治的権力的統制は内在的な規定要因であるとも言える。

勤務評定のアカウンタビリティモデルが明らかに政治的権力的統制による教師の自律性の抑制をはかるものであるのに対して、職能成長モデルはそうした統制から自由であるときに、教師の専門家としての成長はよく果たされるとする。すなわち、教師の自律性は専門家としての成長の前提であり、また専門家としての成長の程度に応じて、教師の自律性は高まると考えられているのである。
　しかしながら、このように教師の自律性と専門家としての成長を相互補完的にとらえる、職能成長モデルの前提に対しては、次のような問題提起もなされている。

　　経営管理型（managerial）勤務評定と参加型（participative）勤務評定は、いずれも教師の自律性に対する制約を意味する。実際には、むしろ、参加型勤務評定、職能成長の協同的アプローチは経営管理型勤務評定以上に、教師の自律性にとって大きな脅威になりうるものである。なぜなら、経営管理型勤務評定の介入性は校長と教師が実質的・内容的にではなく、表面的形式性にのみしたがい、勤務評定の儀式化を可能にすることができる構造的流動性を学校が持つという事実によって制限されるからである。一方、参加型勤務評定が教師の専門家としての成長を促進するという考えは、これまでの自律性を強調する伝統的な考え方とは異なる代替的な思考に他ならない[36]。

　教師は、勤務評定の過程に参加し、そこで合意された職能成長の目標に向かって、いっけん自律的に取り組むことになるかもしれない。しかし、学校組織における予定調和的な合意形成や教師の反省の技術主義的な質に対する懸念をあわせて考えると、そうした教師の取り組みが政治当局による明示的・暗示的な方向づけと一致する可能性は低くない。そして、その場合に働く政治的権力的統制は、学校組織における合意形成を経て機能するものであるだけに、実質的にはいっそう強力なものとなりうるのである。このようにして政策的に利用される、教師の参加や協同をアンディ・ハーグリ

ーブズ（A.Hargreaves）は「作られた同僚性（contrived collegiality）」[37]と呼び、これに依拠して、政治当局による露骨な統制が行われなくても、実質的に教師と学校の教育活動を統制する教員評価をキッカート（W.Kickert）は「遠隔操作」[38]の手段であるとした。

　さらに、教員評価政策はより大きな政治的再編動向の文脈に位置づけてみることができる。この点では、近年各国で進められている教育管理の地方分権化とそこで評価が果たす機能が強調されるようになってきていることを、「補償的正統化（compensatory legitimation）」という概念を用いて説明しようとするワイラー（H.Weiler）の議論が示唆的である。ワイラーは、現代の政治当局が政策の立案、実施過程において「正統性の危機」に直面しており、そのために政策の結果に対してよりも、政策が正統性を与えられる過程により大きな関心を払うようになっていると論じる。そして、とくに教育のように目的や達成度を測る基準に関する合意が得られにくい政策領域においては、法律的あるいは行政的な統制手段を用いるよりも、地方分権化によって政治的権威を階層化させ、問題に対する責任を分散させた方が効果的な紛争解決が可能となるとする理念がますます支持を得るようになってきているという。そこで評価は、その過程から生じる科学的・客観的信頼性のゆえに、従来の法律的あるいは行政的な統制に代わって、政策に正統性を与える有効な手段となっているのである。

　　評価はわれわれのもつ現代的世界観において科学性が卓越しているがゆえに、政策過程における要素として、きわめて高度の威信を享受するようになっている。この威信こそが、政策の過程と結果に対する正統性の新たな源泉を求める者にとって、評価をかくも完全かつ反論の余地なき目標にしているのである[39]。

現在生じつつある政治的再編成をこのようにとらえ、その文脈のなかで評価政策を理解するのであれば、職能成長モデルが教師の自律性と政治的権力的統制を相容れないものとしていることは、やはりナイーブにすぎるといわざるを得ないだろう。

さらに、職能成長モデルがナイーブにすぎるというのは、教師の自律性と社会的受容との関係についてもいえることである。勤務評定政策の展開のなかで、勤務評定の過程への学校理事や保護者の関与が示唆されるたびに、それは勤務評定の専門的な性格を損なうものとして教師や教員組合からの激しい批判をあびた。しかし、1980年代に入って勤務評定が政策課題となった背景には、明らかに教師の自律性に対する社会的受容の低下があったのであり、職能成長モデルは保護者や地域社会、そして子どもが教師の勤務評定にどう関わるかという問題にこそ取り組むべきであったのである。その理論＝実践的な取り組みの方向性は、2章でみたように、教師、保護者、子どもによる協同のアクションリサーチを通して、教師は専門家として成長するという理念を発展させることにあるのではないだろうか。

## まとめ

　テッド・ラッグ（T.Wragg）を中心とするエクセター大学の研究者たちは、1992年から1994年までの最初の勤務評定サイクルについて、運用の実際と効果を調査している[40]。このラッグらの研究は、すべての地方教育当局の勤務評定政策についての文献資料の分析、初等学校と中等学校の教師と評定者1,137人を対象とする質問紙調査に加えて、29人の教師の勤務評定の過程について2年間にわたる集約的な事例研究を行ったものである。

　質問紙調査の結果をみると、70％を超える教師が勤務評定から個人的な利益（personal benefits）を得ることができたと答えていた。しかしながら、勤務評定の結果、自分の教育実践が変わったと答えた教師は半数をやや超える程度にとどまっていた。多くの教師は、同僚の教師の関心を感じることができたことが貴重であったとしており、授業観察もそれが実際に教育実践の質を高めることにつながるというよりは、同僚関係の形成への貢献という点で意義が見出されることが多かったことが示されている。また、教師は平均して2つの目標を設定していたが、その有効性については、教師の間で意見が割れており、自分の目標を覚えていない教師も少な

からずいた。さらに、せっかく研修や現職教育に関する目標を設定しても、財政的な理由から、それを実現することができないことがしばしばであったことに対する批判の声も聞かれた。

　事例研究からは、校長や管理的立場にある教師は勤務評定の意義を学校全体の教育活動の観点からみているのに対して、評定される教師はあくまでも個人的な利益という観点でとらえていることが明らかになっていた。ラッグらは、評定する側と評定される側で勤務評定の受けとめ方が違うことに注意を喚起している。管理職のなかには、勤務評定を学校の方針、あるいは自分自身の方針を個々の教師の行動に具体化させる手段とみなしている者がいた一方で、教師の意向を最大限に尊重し、勤務評定における自分の役割は「鏡」に徹するものと考えている管理職もいた。

　ラッグらの研究から判断する限り、勤務評定の運用は学校や校長・教師によって様々であるが、少なくとも教師の専門家としての成長に格段に貢献しているとは言えないようである。教師は勤務評定をおおむね肯定的に受けとめているが、その効果は教師間のコミュニケーションの改善のような、専門的（professional）というよりは、個人的（personal）なものにとどまっている。これは、やがて協同的な教師間関係が作られていけば、もっと直接的に教師の専門家としての成長を通じての、教育実践、教育活動の質的向上に寄与することに通ずるものであるかもしれない。

　また、前節で分析したとおりに教師に対する政治的権力的統制が強められているとは断言できないが、勤務評定が教師の教育実践に対する遠隔操作として機能する可能性を否定することもできないように思われる。評定者が評定で教育実践のどの側面を焦点化するかを当の教師の意向を無視して、一方的に決めてしまうなど、権力や統制に関する問題が強く意識された事例も報告されている。おそらく、勤務評定が導入されたばかりのこの時点でもっとも重要なことは、アカウンタビリティモデルと職能成長モデルの二項対立的な構図で教員評価問題を論じることの不十分さを認識することではないだろうか。学校組織における予定調和的な合意形成（機能主義的組織論）と教師の目的や理念への洞察を排除した反省（技術主義的認識論）を前提とする職能成長モデルは、実質的に教

育実践の質を「外側から」規定することができる。参加型勤務評定、職能成長の協同的アプローチは経営管理型勤務評定以上に、教師の自律性にとって大きな脅威になりうるという指摘は重く受けとめられなくてはならないだろう。

## 【資料】ＮＳＧ報告書（概要）

(1) **勤務評定の責任主体（8、9節）** 公費維持学校の教師については、地方教育当局が勤務評定を計画・実施する責任を負うものとする。それは、勤務評定が個々の学校ごとに多様な形態をとることなく、共通の原則にしたがって実施される必要があること、地方教育当局には関連する専門的知識の蓄積があること、そして適切な現職教育・研修を提供する法的責任が地方教育当局にはあるからである。国庫補助金維持学校については、学校理事会が勤務評定実施の責任主体となる。

(2) **勤務評定の目的（10節）** 全国的に実施される勤務評定制度は、ACAS合意で確認された目的にそくしたものでなければならない。さらに、試行において次のような利益が得られたことにも留意して、全国的な導入が行われるべきである。
 ・教師が自己に対する自信を強め、意欲の向上がみられた
 ・学校における教師関係、コミュニケーションの改善がみられた
 ・カリキュラムの計画と実施の改善がみられた
 ・現職教育の的確な目標設定ができるようになり、教師の参加が広がった
 ・教師のキャリア開発の改善がみられた
 ・教師の（異動時などにおける）人物照会が正確な情報に基づいて行われるようになった

(3) **評定者と被評定者（12節）** 学校に常勤する教師と管理職全員が勤務評定の対象となる。教師の評定者は、校長もしくは校長が委任した者で被評定者の管理的責任を負う、より上級の教師とする。それは、勤務評定は教師の人事管理にとって不可欠であると同時に、評定者

は勤務評定の結果として適切な事後措置（研修など）がとられることを保障する権限を持っていることが必要だからである。校長の勤務評定については、地方教育当局の教育長が2名の評定者を任命するが、そのうちの一人は勤務評定を受ける校長の勤務校と同じ段階の学校長として、最近勤務した経験がある者とする。もう一人は、地方教育当局の専門的職員とする。さらに、二人のうちの一人が実質的に中心的な役割を勤務評定の過程において果たすことが予定されている場合には、それは「校長として、最近勤務した経験がある者」とし、校長の職務の複雑さと困難に対する十分な配慮のもとに行われなければならない。

（4）**評定対象（24、25節）** 勤務評定は明確な職務規定にのっとり行われなければならない。したがって、勤務評定の実施に先立って、また過程において、個々の教師の職務義務の範囲を明確にすることが必要である。校長の勤務評定については、その職務義務のすべてを評価対象にするのではなく、そのうちの一部に焦点をあてることでより大きな効果をあげることができる。

（5）**評定頻度（26節）** 教師が教育改革の諸々の施策に対応しなくてはならないことを考慮して、かつ教師と学校に最大限の利益を提供できる「継続的かつ体系的な」勤務評定であるために、2年を一周期とするのが適当である。

（6）**評定手続き（30～46節）** 評定手続きは次のように進められる。
  a．事前面接　評定者と被評定者が勤務評定の目的等に関する共通理解を図る。また、被評定者の職務規定を検討し、これ以後の勤務評定の進め方について確認する。
  b．自己評価　勤務評定から最大限の利益を得るため、被評定者はあらかじめ自分の教育活動を点検する機会を持つことが望まれる。
  c．授業観察　授業観察は、評定面接で用いられる資料を得る手段としてだけではなく、観察直後に適切なフィードバックと話し合いが行われるのであれば、授業観察それ自体として価値のある活動となる。具体的で建設的なコメントに照らして、教師が

自分の実践を反省することを促すことにもなる。授業観察は、少なくとも2回、計1.5時間にわたって行われるべきである。
d．その他の情報収集　授業観察以外にも、生徒の学習到達度などを含む、教師の教育活動に関する広い範囲の情報が収集されることが適当である。また、勤務評定の焦点となる領域の選択にあたっては、生徒指導、カリキュラム、その他学校運営に関する責任におよぶ教師の職務規定を考慮しなくてはならない。したがって、授業以外の責任遂行に関する情報を集めるために、他の教師に意見を求めることもありうる。しかし、収集される情報の種類とその方法については、事前に被評定者の了解が必要であり、慎重に扱われなければならない。
e．評定面接　試行において評定面接は中心的な要素であり、その目的は成果をあげている点と今後改善を要する点を明らかにしながら、被評定者の実践を検討すること、今後の研修あるいは職能開発の必要を明らかにして、どのように実行していくかを決定することであった。そのために、評定面接は評定者と被評定者の間の率直な対話の機会でなければならない。また、次のようなことも行われるべきである。
・教師の職務規定の検討
・前回の勤務評定以降になされた取り組み、成果をあげている点、いっそう改善が必要な点の検討
・専門家としての成長の必要に関する議論
・適切な職能開発とキャリア開発に関する議論
・学校の諸方針と運営に被評定者が果たした役割と貢献度、また教師の取り組みにとって障害となっている学校側の問題点に関する議論
・将来の行動と取り組み目標に関する議論
・評定書に記載されるべき事項の確認
f．評定書の作成　評定者は被評定者と十分な議論を重ねたうえで評定書を作成する。また、被評定者は評定書の内容と表現につ

いて、忌憚なく意見を述べることができなくてはならない。
  g．事後措置　勤務評定が十分な効果をもたらすためには、評定者と被評定者との間で合意された行動が実際に行われ、合意された目的達成に向けての進捗状況が点検され、地方教育当局および学校での研修計画が決定されるときに、個々の教師の必要が考慮されるような体制が整えられなくてはならない。さらに、個々の教師に関しては、評定者と被評定者の間で正式な総括面接が行われなくてはならない。総括面接の目的は、次のようなものである。
    ・被評定者および学校として、目標をどれだけ達成できているかどうかを検討すること
    ・評定面接において決定された目標がまだ適切なものであるかどうかを検討すること
    ・それまでに実施された研修等の効果、将来における効果を検討すること
    ・被評定者が自分の実践に関する問題を提起する機会を提供すること
    ・被評定者の職能開発とキャリア開発の必要を検討すること
(7) **評定基準**（61、62節）勤務評定は、優れた教育実践に関する確立された基準にそくして、機械的に教師の業績を評価するようなものであってはならない。しかし、勤務評定が十分な意義を持つためには、教師と授業に対する一定の期待を踏まえて行われなくてはならないのであり、評定者と被評定者はそのような期待を知る権利を有する。地方教育当局は、教師と協議のうえ、全国および地方の教育政策、勅任視学官（Her Majesty's Inspectorate）による優れた教育実践に関する出版物等を考慮して、評定基準に関する手引きを作成するものとする。
(8) **評定書**（63～65節）評定者は評定面接後、被評定者と協議のうえ、話し合われた点、到達した結論、決定された目標を記録して、評定書を作成するものとする。評定者と被評定者の間で意見が一致しな

い場合には、被評定者が自分の見解を記録に残すことができなくてはならない。職能開発と研修に関する、決定された目標は別紙に記載され、地方教育当局および学校における研修計画の責任者に送付されるものとする。評定書の人事書類としての性格を考慮し、その扱いには厳重な注意が必要である。評定書をみることができるのは、被評定者、評定者、勤務校の校長、教育長、教育長がとくに許可した地方教育当局の職員または指導主事に限定される。勤務評定の結果として、学校理事会による決定もしくは学校理事会が責任を有する財政支出を要する措置がとられるべき必要が生じた場合には、学校理事会にその旨の報告がなされなくてはならない。

(1) Evans, A. & Tomlinson, J. (1989) Teacher Appraisal: an Overview in Evans, A. & Tomlinson, J. (eds.) *Teacher Appraisal: A Nationwide Approach*, London: Jessica Kingsley Publisher.
(2) 1980年代の学校自己評価の理念と実践については、あらためてまとまった論及を行いたい。さしあたっては、Hopkins, D. (1989) *Evaluation for School Development*, Buckingham: Open University Press.を参照。
(3) Department for Education and Science (1983) *Teaching Quality*, London: HMSO, par.92.
(4) 1974年に教員給与の抜本的な改善が行われて以来、国民平均所得との対比で、教師の収入は1974年の137％から1983年の110％にまで相対的に低下していた。また、この間に専門職従事者が平均して270％の所得上昇を記録しているのに対して、教員給与は198％の上昇にとどまっていた。その一方で、新たな教科目の導入、特別なニーズ教育の拡大、学習の評価方法の改善にともなう仕事量の増加、深刻な若年失業と関連した職業教育や規律の問題など、教師の労働に対する重圧はますます大きくなっていると感じられるようになっていた。
(5) *Times Educational Supplement*, November 23, 1984.
(6) ibid.
(7) *Times Educational Supplement*, January 13, 1984.
(8) *Times Educational Supplement*, May 1, 1985.
(9) *Times Educational Supplement*, July 26, 1985.
(10) 全国教員組合の『勤務評定と教師の資質』については、浦野東洋一「英国教師の勤務評定問題－サッチャー政権による教育改革の研究」『東京大学教育学部教育行政学

研究室紀要』第10号(1990年)を参照。
(11) Advisory, Conciliation and Arbitration Service (1986) *Teachers' Dispute ACAS Independent Panel: Report of the Appraisal / Training Working Group*, London: HMSO, para.3.
(12) National Steering Group (1989) *School Teacher Appraisal: A National Framework, Report of the National Steering Group on the School Teacher Appraisal Pilot Study*, London: HMSO.
(13) *Times Educational Supplement*, October 29, 1989.
(14) *Times Educational Supplement*, February 2, 1990.
(15) *Times Educational Supplement*, September 21, 1990.
(16) *Times Educational Supplement*, December 14, 1990.
(17) *Times Educational Supplement*, May 3, 1991.
(18) *Times Educational Supplement*, August 2, 1991.
(19) Elliott, J. (1991) *Action Research for Educational Change, Buckingham*: Open University Press, p.94.
(20) Randor, H. (1990) Evaluating Change Processes Promote Change School-focused Evaluation - A Professional Development Model, *British Journal of In-service Education*, vol.16, No.3. p.150.
(21) Bollington, R., Hopkins, D. & Wet, M. (1990) *An Introduction to Teacher Appraisal: A Professional Development Approach*, London: Cassell, p.56.
(22) NSG(1989)*School Teacher Appraisal: A National Framework, Report of the National Steering Group on the School Teacher Appraisal Pilot Study*, London:HMSO, para.33.
(23) Bollington, R., Hopkins, D. & Wet, M. (1990), pp.41 - 42
(24) ibid. p.57.
(25) ibid. p.101.
(26) Hopkins, D. et.al. (1991)Teacher Appraisal, Professional Development and School Improvement: A Case Study, *School Organization*, vol.11, No.1.
(27) ibid. p.41.
(28) Buckler,T. (1989) Teacher Appraisal-the Cumbria Experience, in Evans, A. & Tomlinson, J. (eds.) *Teacher Appraisal: A Nationwide Approach*, London: Jessica Kingsley Publishers, p.127.
(29) ibid. p.47.
(30) ibid. pp.58 - 59
(31) Morrison, M.(1991) Finding the Right Dominoes: Introducing School Development Plans, A

Case Study of Primary School Management, *School Organization,* vol.11, No.2.

(32) Skyes, G.(1990) Evaluation in the Context of National Policy and Local Organization in Granheim, M., Kogan, M. & Lundgren, U. (eds.) *Evaluation as Policymaking Introducing Evaluation into a National Decentralised Education System,* London: Jessica Kingsley Publishers, p.193.

(33) Darling-Hammond, L. (1986) Teacher Evaluation in the Organizational Context A Review of the Literature in House, E. R. (ed.) *New Directions in Educational Evaluation,* London: Falmer Press. p.221.

(34) Hartley, D. (1991) Education Policy and the Identification of the Needs, *Oxford Review of Education,* vol.17, No.1, p.107.

(35) Bollington, R., Hopkins, D. & Wet, M. (1990) *op. cit.,* p.100.

(36) Hoyle, E. (1989) Teacher Appraisal and Collaborative Professionalism in Evans, A. & Tomlinson, J., *op. cit.* p.65.

(37) Hargreaves, A. (1994) Changing Teachers, Changing Times: Teachers' Work and Culture in the Postmodernism Age, London: Cassell.

(38) Kickert, W. (1991) *Steering at Distance a new Paradigm of Public Governance in Dutch Higher Education,* Paper for the European Consortium for Political Research, the University of Essex.

(39) Weiler, H. (1990) Decentralisaion in Educational Governance An Exercise in Contradiction? in Granheim, M., Kogan, M. & Lundgren, U. (eds.) *op. cit.* p.60.

(40) Wragg, E.C. et. al. (1996) *Teacher Appraisal Observed,* London: Routledge.

# 5章

# 「新生労働党」の教員政策と新しい教員評価

## はじめに

　2001年9月21日発行のタイムズ教育版は、「業績主義給与は教師から意欲を奪っている（Performance pay saps teacher morale）」という記事を一面トップに掲載した[1]。その内容は、イギリスで2000年から実施された上級給与表への昇級制度が教師たちにどう受けとめられているかについて、政府が民間の世論調査機関MORIに委託して行った調査の結果である。新しい給与制度では、昇級によって年額約£2,000の給与増となるが、そのためには業績審査を申請してパスしなければならない。調査は、2001年夏に49校の校長と教頭46人、教師172人を対象として、個人および集団面接の形で実施されたものである。

　まず、昇級審査実施初年度の概要は、次のようであった。

- 初年度の申請者は約20万1,000人であり、そのうち97％が審査に合格した（ちなみに、イギリスの教師は非常勤を常勤に換算した分を含めて約50万人である）。
- 教師が申請書の作成に費やした時間は、およそ20～22時間であった。

5章「新生労働党」の教員政策と新しい教員評価

・外部審査官が 22,716校の訪問調査を行ったが、その結果校長の審査が覆されたのは申請全体の約 0.2％にとどまった。

　実に申請者の97％が昇級を果たしている。しかも、今回審査に合格しなかった教師も制度上は次年度以降何度でも再申請できることになっており、政府は「やがて大部分の教師が関門（threshold）を越える水準を示すようになるであろう」と述べ、明示的には合格者の定員や比率を定めてはいない。この限りでは、全体的な給与水準の改善施策として歓迎されていそうな改革だが、実は業績評価を昇給に結びつけることについて、イギリスの教師たちは決して肯定的ではなかった。
　調査によれば、審査に合格した教師でも5人のうち3人は、この施策に原則的に反対だとしている。そうした教師たちは「引き起こされるストレスと不安、すべての教師が昇給するわけではないという不公平さ、この政策が潜在的に持っている分断的な（divisive）性質」に批判的であった。また、5人に2人は審査を経験することで専門職として力量を高める必要を改めて自覚できたと答えていたが、実際に昇級したことが自信につながったと答えたのは3分の1にとどまった。一方、資格があるのに申請しなかった教師も172人中7人いたが、その一人は「この施策が実施されたことで教師をやめる決心がついた」と語っていた。
　さらに、注目したいのは校長の意見である。一部には、教師が自分の長所と短所をよりよく知ることができるようになったと答えた者もいたが、全体として「校長は、昇級審査は教師の向上心を失わせ、意欲を奪っているとみている」と調査報告書は述べている。教師と校長を対象とするMORI調査が明らかにしたのは、教師の意欲を高めるとして導入された業績評価に基づく給与制度がむしろ逆の効果をもたらしているのではないか、ということであった。
　イギリスでは、給与制度改革とセットになった昇級審査（threshold assessment）とパフォーマンスマネジメント（performance management、職務遂行管理）という新しい教員評価が、1990年代初頭に導入された勤務評定に代わって、2000年度から導入された。本章では、これらの施策

を1997年に誕生した「新生労働党（New Labour Party）」政権の教育政策と教員政策という文脈のなかに位置づけて検討する[2]。

## 1　「新生労働党」政権の教育政策

　1997年5月、新生労働党（New Labour Party）は「教育が最優先事項である（education, education, education!）」という公約を高らかに掲げて、政権に返り咲いた。そして、7月には早々に白書『学校の卓越性（Excellence in Schools）』を公表して具体的な教育政策を示し、翌1998年には「学校教育の水準と枠組みに関する法律（School Standards and Framework Act）」と「教職と高等教育に関する法律（Teaching and Higher Education Act）」を成立させ、一連の教育制度改革に着手したのである。その多岐にわたる改革の核心は、子どもたちの学力水準を向上させ、「世界一流の教育（world-class education）」を実現するという国家目標である。そこで手始めに初等教育について、11歳時点で英語・数学のレベル4に到達する子どもの割合を2002年までにそれぞれ80％と75％にまで高めるという全国目標を設定し、地方教育当局と学校にも全国レベルに準じた目標設定と実現のための努力を求めたのである[3]。

　学力水準の向上を実現するための具体的な施策として開始されたのが、「全国読み書き能力プロジェクト（National Literacy Project）」や「全国数的能力プロジェクト（National Numeracy Project）」である。プロジェクトの担当部局として、教育雇用省（Department for Education and Employment）内に、ロンドン大学教育研究所教授のマイケル・バーバー（Michael Barber）を長とする「教育水準・効果室（Standards and Effectiveness Unit）」が設置され、また、「教育水準作業部会（Standards Task Force）」、「読み書き能力作業部会（Literacy Task Force）」、「数的能力作業部会（Numeracy Task Force）」が招集された[4]。これらのプロジェクトによって、「読み書きの時間」や「数の時間」が学校の時間割りに組みこまれ、効果的な授業方法が奨励され、その普及が図られることになった。

　学校は、個々の児童についてのベースラインアセスメント（入学時の学

力診断)の情報、教育水準庁(Office for Standards in Education)による学校視察の結果、同じような条件をもった他校についてのデータなどを参考に、全国目標と照らしあわせて、向こう3年間にわたる目標を設定することが求められた。また地方教育当局も、その所掌事務の遂行にあたって、水準の向上を目標としなくてはならないことが法律上明記され、そのための政策と具体的な施策を盛り込んだ教育開発計画(Education Development Plan)を教育雇用相に提出し、その承認を得なくてはならないことになった。

一方、教育雇用相には、地方教育当局の教育開発計画に承認を与えるだけでなく、地方教育当局が機能を十全に果たしていないと判断した場合、その事務に介入する権限が与えられた。同様に、ある学校の生徒の成績が容認できないほど低い水準であったり、学校運営に深刻な問題があると所管する地方教育当局が認めた場合には、初期警告(early warning)の通知、当局の選任した学校理事の追加、学校予算の委譲取り消しなどの、段階的ではあるが、強力な介入権限が地方教育当局に与えられた。『学校の卓越性』では「支援と圧力(support and pressure)」という教育改革の原則が繰り返し強調されているが、目標管理を基礎にした、国から地方、地方から学校への介入の仕組みは、近年のイギリス行政改革の基調である、新しい行政経営(New Public Management, NPM)の典型的な適用例であると言える[5]。

他にも、教育行政制度に関しては、やはり「学校教育の水準と枠組みに関する法律」によって制度化された「教育特別対策地区(Education Action Zone)」構想を提案したのが『学校の卓越性』であった。これは、教育水準の向上を目的に、複数の学校を一括りにして「教育特別対策地区」を構成させ、構成する学校のもともとの学校理事に、教育雇用相が任命した学校理事を加えた運営部会(Forum)にその地区の学校運営を担わせるというものである。「教育特別対策地区」では、教員の給与と勤務条件に関する全国規定の適用を除外して、優秀な校長や教師を高額の報酬で集めることを可能にしたり、企業からの財政的支援や運営参加を積極的に推進するなどの特別の方策がとれるようになっている。

就学前教育と中等教育についても、このような政策の基本骨格は初等教育とほとんど変わらないと言ってもよいだろう。幼児教育の全国水準としては、学校カリキュラム・評価当局（Schools Curriculum and Assessment Authority）が策定した「望ましい学習成果（Desirable Learning Outcomes）」が採用された。ただし、この水準は、11歳時段階での数値目標のように教科学習に限定したものではなく、「対人関係能力（personal and social skills）」の発達なども視野に入れたものである。また、幼児教育や保育の関係者から構成される幼児教育フォーラム（early years forum）を地域に設け、教育開発計画に対応する、幼児教育発展計画（early years development plan）を策定して、その実現を図るものとされた。

　中等教育については、「個に応じた教育」をより重視した内容になっていることが初等教育との違いである。そのせいもあって、当初は14歳、16歳時点での学力水準の達成目標を数値で掲げることはされなかった。その代わり、「総合制原則の現代化（modernization of comprehensive principles）」というタイトルが付された『学校の卓越性』の中等教育に関する章は、教科ごとの能力別編成授業を意味するセッティング（setting）の意義の再認識を唱えるなど、学習集団の編成方法や具体的な授業方法についての内容が大部分を占めている。

　ところで、この総合制原則の「現代化」とは、次のような認識を示すものであり、『学校の卓越性』全体を通してのキーワードといえるものである。

　　これまで学校の構造に専ら関心を寄せ、多大なエネルギーを費やしてきたわりには、あまり効果をあげることができなかった。いまや、私たちは優れた学校を創り出すのに、何がほんとうに必要かを知っている。明確なリーダーシップの重要性を理解している、自信にあふれて能力豊かな校長、献身的な教職員と父母、すべての子どもたちに対する高い期待、そして何よりも優れた教育活動。これらの諸特徴を、学校の構造を変えることや、法律あるいは財政的圧力だけによって実現することはできない。教育のよ

うに、人間の相互作用に依拠する分野で実効的な変化をもたらすには、何百万という人々の行動の変化が必要である。求められているのは、学校に対して、同じような状況にある他の学校と自己を常に比較し、成果を高めるための証明された方法を用いることを要求し続ける文化の創造を称揚し、推進することである[6]。

　教育水準の向上は、保守党政権のもとでも教育改革の目標とされてきたが、その実現は基本的に教育制度に市場原理を導入すること、すなわち学校の選択と競争に委ねられていた。これに対して、新生労働党政権は、教育水準の向上を競争に委ねるだけでなく、政府がさらに踏み込む形で「精力的で揺ぎない想像的リーダーシップ」を発揮し、「より管理された変化（more managed change）」を通して、その実現をめざす政策を採用したのである[7]。

　この文脈において「成果を高めるための証明された方法」とは、実質的に教育雇用省の「読み書き能力作業部会」や「数的能力作業部会」が打ち出す教育内容・方法上の施策を意味している。学校と教師は、そうした教育内容・方法を強制されて採用するのではなく、「主体的」に取り入れることが求められている。こうして、教育改革の焦点を「構造から水準」へと転換するとともに、政府によって公認された教育内容・方法上の具体的な施策を無反省的に実行する「文化」を根づかせることが「現代化」の意義なのである。この文化は何よりも学校現場の教師の思考と実践に関するものであり、それらを規定するものであるから、こうした教育政策の特徴は教員政策において顕著に現れるものである。

## 2　教師の職能基準と資格の標準化－国家による専門性の定義

　新生労働党政権が1998年にグリーンペーパー（政策試案）『教師　変化の挑戦に応える（Teachers meeting the challenge of change）』を公表するなど、教員政策とくに教師の資質能力向上施策を重視していることは、教育水準の向上を国から地方、学校に至る教育制度を一貫した目標として

いる教育政策の文脈に即して理解されるべきことである。さらに、近年のイギリス教員政策の背景として、「教員不足」が生じていることも考慮しなくてはならない。好況と教員給与水準の相対的な低さ、校内暴力や校内規律の乱れから来る「教職の魅力の乏しさ」が原因となって、イギリスでは教員不足問題の解決が深刻な課題となっている。こうした状況が続いているようでは、教育水準の向上を達成することは困難である。そこで、教員政策の中心的課題が「質の高い候補者を学校のニーズに応えるに十分な数だけ教職に引き寄せ、なおかつ教職に留まらせること」[8]となるのである。

こうした教員政策の中心的な担い手は、1994年教育法により同年9月に設置された教員訓練庁（Teacher Training Agency）である。1998年に公表された向こう3ヵ年の同庁「事業計画」には、その目的として「教員養成、教師の教育活動、学校におけるリーダーシップの質を向上させること、また教職の地位と教職に対する敬意を高めることによって学校における教育水準を向上させること」[9]を掲げており、このうちの前三者に関わって、教員訓練庁が設置されて以来手がけてきたのが、教職キャリアを一貫する全国的な職能基準と資格の標準化である。すでに「正教員資格の授与基準」「教科指導者（subject leader）全国職能基準」「特別な教育的ニーズ・コーディネーター全国職能基準」「全国校長職能資格」が開発されており、このうちの正教員資格の授与基準については、正教員資格を得ようとする教員養成課程履修生で1998年5月以降にそのための評価を受けようとするすべての者に適用されることになった。

さらに、教員訓練庁は教員養成課程のナショナルカリキュラムを策定しており、次のような予定で導入、実施されることになっていた。

・初等教育「英語」「数学」―98年9月から
・初等教育「理科」―99年9月から（98年8月から任意実施可）
・中等教育「英語」「数学」「理科」―98年9月から
・「情報＆コミュニケーション技術」―98年9月から

そこでまず、正教員資格の授与基準とはどのようなものであるか、やや具体的にその内容をみておこう[10]。その構成は、以下に示すように「A．知識と理解」、「B．計画・授業・学級経営」、「C．モニタリング・評価・記録・報告・アカウンタビリティ」、「D．その他の職能要件」の４節と１つの附則から成る。

A．　知識と理解
　１　中等学校の専門教科に関する基準
　２　初等学校教科に関する基準
　３　３〜８歳課程及び３〜11歳課程の履修生を対象とする、幼児教育（幼児学級及びレセプションクラス）に関する追加的基準
B．　計画・授業・学級経営
　１　初等学校の英語と数学に関する基準
　２　初等学校及び中等学校に関する基準　　a．計画 b．授業及び学級経営
　３　３〜８歳課程及び３〜11歳課程の履修生を対象とする、幼児教育（幼児学級及びレセプションクラス）に関する追加的基準
C．　モニタリング・評価・記録・報告・アカウンタビリティ
D．　その他の職能要件
附則 A．教師の法的義務及び責任

　このうち、「B．計画・授業・学級経営」「２ 初等学校及び中等学校に関する基準」「a．計画」の項に示されている基準を例示すると、次のようである。

　正教員資格の授与を受けようとする者は、評価を受ける際に次のことを示さなくてはならない。
a．次のことを通じて、生徒の学習の進歩を可能にするような授業を計画すること。
　Ⅰ．教材及び児童・生徒に適した明確な授業目標及び内容を定めること。また、それらをどのようにして教え、評価するかを明らかにす

ること。
Ⅱ.生徒の意欲と強い興味を引き出すような、学級全体、個々の生徒またはグループでの学習（宿題を含む）課題を設定すること。
Ⅲ.生徒の学習、モーチベーション、学習発表に適切かつ挑戦的な期待を寄せること。
Ⅳ.それまでの到達度を踏まえ、生徒の明確な学習目標を設定すること。また、生徒に自分に要求されていることの内容と目的を自覚させること。
Ⅴ.次のような生徒を明らかにすること。
　特別な教育的ニーズ（特定の学習困難を含む）を持つ生徒
　きわめて優秀な生徒
　英語に熟達していない生徒
そして、そのような生徒に対して積極的かつ目標を絞った援助を行うためには、どこ（だれ）に協力を求めればよいかを知っていること。
〈…以下略…〉

　イギリスでは「正教員資格の授与基準」を統一的に定めようとする動向は90年代に入ってから顕著になり、この基準の前にも数次にわたって開発・作成されてきた経緯がある。それは、一貫して、一般的・抽象的な資質とは区別される具体的・実践的な「職務遂行能力（competence）」を基礎概念に据えて「教師ができなくてはならないこと」の形で示そうとするものであった。今回の教員訓練庁による基準は、その方向をいっそう徹底したものである。
　もう一つの特徴として指摘できるのは、実践的能力にしても、「A．知識と理解」の節に規定されている教科専門の知識や教育学的理解にしても、その内容は子どもたちのナショナルカリキュラムと密接に関連づけられたものになっていることである。たとえば、「A．知識と理解」「1．中等教育」の項は次のようである。

正教員資格の授与を受けようとする者は、評価を受ける際に次のことを示さなくてはならない。

I. 専門教科（複数の場合もある）について、それぞれのキーステージにおける当該（諸）教科を自信を持ち正確に教えるのに十分な、諸概念と技術に関する、学位レベル相当水準に達した確実な知識と理解を有すること。

7〜14歳課程の履修生：キーステージ3

11〜16歳ないし11〜18歳課程の履修生：キーステージ3及び4、必要に応じて16歳以降の教育

14〜19歳課程の履修生：キーステージ4および16歳以降の教育

II. 専門教科（複数の場合もある）について、ナショナルカリキュラムのキーステージ3の学習プログラム、レベル規定、キーステージ終了時規定に関する詳細な知識と理解、さらに必要に応じて、キーステージ4の学習プログラムに関する詳細な知識と理解を有すること。

III. 宗教教育専科教員の場合、宗教教育モデルシラバスに関する詳細な知識を有すること。

IV. 専門教科について、職業課程を含むキーステージ4及び16歳以降教育の試験シラバス及び課程に精通していること。

V. 専門教科について、14〜19歳の諸資格の枠組み、及び上級資格への上進の仕組みを理解していること。

VI. 専門教科について、キーステージ2の学習プログラムからの連携を理解していること。

VII. 専門教科に関わって、14〜19歳の生徒を対象とする現行諸資格を得るのに必要な鍵的技能を知り、教えることができること。および専門教科がその鍵的技能の発達に対してどのような貢献をなしうるかを理解していること。

VIII. 教科に関連した生徒の質問に確実に対応できること。

〈…以下略…〉

ナショナルカリキュラムに即した子どもたちの学業成果の向上を目的として、その手段として教師の資質能力向上が考えられているのであるから、「正教員資格の授与基準」がナショナルカリキュラムに全面的に依拠したものになるのは、その限りでいえば、ごく自然なことであろう。
　次に、教員養成課程のナショナルカリキュラムをみると、科目名や単位数などの制度的基準を定めたものではなく、かなり具体的な内容となっている[11]。たとえば、中等教員養成課程「英語」の場合を例にとると、「A.生徒の英語の進歩を確かなものにするために履修生に求められる教育学的知識及び理解」（1～3）、「B.効果的な教育方法と評価法」（4～24）、「C.履修生の英語に関する知識と理解」（25～29）の3節、29項目から成り立っている。そのうち、「A.生徒の英語の進歩を確かなものにするために履修生に求められる教育学的知識及び理解」の第1項は、次のようである。

1　すべての課程では、生徒の英語の進歩は以下のことを強調する教育活動に依存していることが履修生に確実に教えられなくてはならない。
　a.話すこと、書くこと、理解しながら聞くことによる効果的なコミュニケーション。
　b.生徒が熱心に、反応豊かに、知識を吸収しつつ作品を読めるようになること。
　c.公共的・文化的生活及び職業生活に自信を持って参加するのに必要な、読むこと、書くこと、話すこと、聞くことの能力。
　d.言語は楽しみ、思考、学習、人格の発達のために役立つこと。

また、「B.効果的な教育方法と評価法」の第6項は、以下のような内容となっている。

6　文学作品と非文学作品のクラス全体及びグループを対象にした指導法が、履修生に教えられなくてはならない。これには、次

## 5章 「新生労働党」の教員政策と新しい教員評価

のようなことが含まれる。
a. 作品を選択し、主要な学習目標とそれがその作品をとりあげることによってどのように達成されるかを明らかにすること。例：作品のどの側面を教えるかを決める、ある構造ないしテクニックが用いられているという理由から特定の作品を選択する。
b. 作品の世界に生徒を導きいれること。例：作品からの抜粋を与えて、読書欲を高める。
c. 特に注意をしなくてはならない作品の部分ないしは側面を決め、その作品を教える段階や速さを決めること。例：第一回目の読みの時は生徒が作品の性格を大づかみできるようにかなり早く読み、それから、いくつかの部分についてもっと細かく読む。
d. 作品を誰が、どのようにして読むかを決めること。例：作品の特徴が表れるようにまずは教師が音読し、それから、同じ作品をグループで言葉を細かく吟味するために読む。しばらくの間個々の生徒が黙読して、自分自身の印象を確かめてから話しあいを行う。グループ内で順番に読んでから話し合いの時間を持つ。
e. 生徒の作品に対する関心を高め、読みの技術を向上させるような活動を設定すること。その活動は作品の当該部分についての教授目標に適合したものではなくてはならない。
f. 生徒が作品全体を鑑賞し、それについて文章を書いたり、話合ったりすることができるようにすること。

全体で29項のうちの21項という、B節が全体に占める割合の大きさからは、教員養成課程のナショナルカリキュラムにおいて、とくに授業方法や評価法に関わる内容が重視されていることがわかる。また、第6項以下の項の内容が、韻文の指導法、シェークスピア戯曲の指導法、ノンフィクション作品の指導法、「読むこと」の評価法、「書くこと」の指導法と評価法、「スペリング」の指導法、「句読法」の指導法、「文法」の指導法、生

徒の「話すこと」と「聞くこと」の指導法と評価法と続いているのは、この部分が子どもたちのナショナルカリキュラムの内容に即したものになっているからである。

　以上の例示は、教員養成課程のナショナルカリキュラムの一部に過ぎないが、全体を通してみても、子どもたちのナショナルカリキュラムが定める知識・技能を指導できる教師の養成を教員養成機関に求める内容になっていることがわかる。子どもたちのナショナルカリキュラムとの密接な関連づけ、指導法、評価法のような具体的・実践的な能力の強調という特徴は、正教員資格の授与基準と共通したものである。このように、教師の資質能力を職能基準や資格の標準化という形で積極的に規定するのは、国家による教師の専門性の定義とでも言えることである。

　かえりみると、1979年から1997年まで続いた保守党政権下の新自由主義イデオロギーに基づく教育政策において、専門職としての教師の自律性に対する攻撃はその一角を占めるものであった[12]。個人の「選択」や「自己決定」に最大の価値をおく新自由主義イデオロギーは、専門的知識や技能を根拠に優越的権威を主張し、素人から自己決定権を奪っているという批判を専門職に対して向ける。教育改革についても、子どもや父母の多様な要求に迅速に応じることのできない教育の画一性・官僚制や教育水準低下の原因が「専門職支配」に帰せられ、その解決策として市場原理が導入されて、教育の生産者支配から消費者支配への構造転換がはかられるという論理ははっきりしていた。

　また、この時期は教師教育自体に対しても、新右翼（New Right）勢力からの批判が相次いだ。そうした批判は、「教え方というものは経験の中で実践によって学ぶものだ」とか「先輩教師からいくつかの教え方の秘訣（tips）を学べば良い教師になれる」というように、理論ではなく実践を尊重すべきであると主張するものであった[13]。こうした批判の前提にある、教師の実践と専門家としての成長に関する特定の理念は、2章でみた「研究者としての教師」（ステンハウス）のそれとはまったく異質なものである。理論と実践を安易に切り離してしまう、この批判の論理において「実践」は脱文脈化された職務遂行能力の行使と変わらぬことになる。1990

年代のイギリスで進められた教員政策の基調は、教師教育において学校「現場」が果たす役割を拡大することと、教員養成段階だけでなく、教職キャリア全体を通じて行われる教育実践の標準化であったといえよう。

すでに、教育政策全般についてみたように、1997年に誕生した労働党政権は前保守党政権の政策を基本的に継承する点と転換をはかろうとする点の両面をあわせもっている。教員政策についていえば、「教職の現代化」という旗印のもと、従来からの職務遂行能力の標準化を基礎として、さらに積極的に教師の資質能力向上を政策目標に掲げるようになった。それは、子どもたちの学習成果の向上という国家目標を実現するために必要な資質能力を身につけた教師を養成し、確保しようとするものであり、「(保守党政権のもとで)最初は市場の、次には新しい行政経営(New Public Management、NPM)のより効果的な作動を保障するため」[14]の教育実践の標準化に他ならない。

アンディ・ハーグリーブス(A. Hargreaves)は、現代イギリスにおける教師の資質能力向上政策について、次のような批判的見解を示している。

> 恒常的な向上というレトリックは、休む暇のない変化の要求に教師を従わせるための行政手段として用いられうる。その変化はしばしば教師の意見や同意を求めずに提起され、一方的に押しつけられたものである。この点において、教師の専門性向上としばしば結びつけられて語られる言葉が、逆に専門性を掘り崩すために利用されうるのである[15]。

ここで批判対象とされている、教師の専門性向上に関する政策の論理は、所与の教育内容・方法をいかに効果的に実施するかという問題に限定された、技術主義的性質のものである。ハーグリーブスが指摘しているように、教師の専門的力量を技術主義的に向上させることは、本来的な意味での専門性を掘り崩すものであると同時に、教育に対する行政統制を強めることでもある。勤務評定に代わる新しい教員評価の導入は、このような教育政策、教員政策を背景としていることを踏まえて、検討

されなくてはならないだろう。

## 3　新しい教員評価―パフォーマンスマネジメントと昇級審査

### （1）給与制度改革としての教員評価

　イギリス（イングランド）では、2000年9月から新たに、教師の勤務評定に関する規則（Education〔Teacher Appraisal〕〔England〕Regulations 2000）が施行されたことにより、これまでの勤務評定に代わってパフォーマンスマネジメントが実施されることになった。教育雇用省（Department for Education and Employment）が策定した実施要領によれば、パフォーマンスマネジメントとは、次の3つの段階から構成される「単発的な行事ではない、継続的サイクル」である[16]。

第1段階　計画　チームリーダー（team leader）が自分のチームの教師一人ひとりと優先事項および目標について話し合い、記録する。これから目標達成のための取り組みをどう点検（monitor）していくかについても話し合う。

第2段階　点検　教師とチームリーダーは、必要な支援を得ながら、期間を通して取り組み状況を点検する。

第3段階　総括　教師とチームリーダーは、一年間の到達点を総括し、取り組み状況を目標に照らして考慮したうえで、教師の全体的な業績を評価する。

　校長がすべての教師の評価を行うことになっていた、従来の勤務評定とは異なり、教師は教科、学年、職責などに応じてパフォーマンスマネジメントのために編成されるチームの一員となり、原則的に1年単位で、直属の上司（line manager）にあたるチームリーダーによる評価を受ける。最初の段階で3つから6つの範囲内で目標を設定するが、そのうちには必ず「学校全体の計画という観点からの、教師の専門的実践の改善向上と生徒の進歩に関する目標が含まれなくてはならない。」[17]そして、年間を通じて

「常に教師の取り組みに注意が向けられなくてはならない」のであり、それは「日常的に行われる短い話し合いや授業観察」[18]などによって行われることになっている。

パフォーマンスマネジメントの提案は、グリーンペーパー『教師 変化の挑戦に応える』において行われた。このグリーンペーパーの序言では、デイビッド・ブランケット（David Blunkett）教育雇用大臣が「私たちの学校は、結局、校長、教師、補助職員の能力と傾倒と献身に依存している。…（中略）…水準向上のための大規模な改革がすでに進行中だが、私たちの学校が潜在的能力のすべてを発揮するためには、この好機を活かす野心と動機を持った教職員を雇用し、意欲づけなくてはならない。このグリーンペーパーが重要であるのは、そのためである」[19]と、教育改革のなかでの教員政策の位置づけを述べていた。グリーンペーパーの提案する政策と施策の具体的内容を示した柱立ては次のようである。

- 学校管理職のリーダーシップの向上
- 優れた業績をあげている教師に報い、キャリア展望を向上させる新しい給与制度
- 教師が職務を効果的に遂行し、キャリアを進めるために必要な研修と支援
- 教育活動と学習の質を向上させるための授業補助員やその他の補助職員の活用

このうち、パフォーマンスマネジメントは、やはり2000年度から実施された昇級審査とともに、給与制度改革の一環として提案されたのである。

その給与制度改革提案は次のようなものであった。まず、現行の給与制度改革についてグリーンペーパーは、それが主に経験と職責に対する処遇となっており、業績に対するものではないため「教師にとって自分の教育実践の質を向上させる動機づけが弱く、能力と意欲を備えた人材にとって教職は魅力を欠くものになってしまっている」[20]ことが問題だとする。そして、これまでの給与制度がそのような欠陥を抱えていたのは、

校長と教師がともに教師の業績を識別することに消極的であったからであり、現実にはそうではないのに、すべての教師の業績が同様であるように扱うという「文化」が支配的であったからだという。この「文化」を変えていくことが、新生労働党政権の教育政策のキーワードとなっている「現代化」に他ならない。

それでは、新しい給与制度はどのようなものでなくてはならないと提案しているのだろうか。グリーンペーパーが示す新しい給与制度の原則は次のとおりである[21]。

- すべての教師にとって魅力があり、教師を教職にとどまらせ、意欲を高めるものであること
- 優れた教師には、より多くの報酬と早い昇進・昇給の機会を提供するものであること
- 教師が管理的職責を担うことによってだけでなく、教室でのすぐれた業績によって昇進・昇給できるものであること
- 給与決定は厳格な年次評価を基礎とするものであること
- 全国的な枠組みの範囲内で、学校レベルでの意思決定により大きな裁量が与えられるべきであること
- 学校の給与政策は、透明かつ公正なものではなくてはならないこと
- 現職の教師は給与制度の変更によって、現に受けている給与額を減らされてはならないが、将来の昇給は業績と達成度によって正当化されなくてはならないこと

このような新しい給与制度改革の一環として、パフォーマンスマネジメントは、もっとも優れた教師を特別昇給（double increments、いわゆる「12短」に相当する）の対象とし、逆に成績不良な教師には年次昇給をさせないこと、また極端な場合には分限免職を行うための業績評価の仕組みとして提案されていた。これまで行われてきた勤務評定は、すでにほとんど信頼を失っているが、それは「多くの学校において、勤務評定は学校のパフォーマンスマネジメントの仕組みの不可欠な要素としてではなく、た

5章 「新生労働党」の教員政策と新しい教員評価

だの追加的負担とみられてきたから」にほかならない。パフォーマンスマネジメントの核心は、教職員一人ひとりの業績の厳格な年次評価であり、それは翌年度の改善向上のための目標設定につながると同時に、給与決定とも関連しなければならない。それにも関わらず、この評価と給与との関連について、従来の勤務評定は明確ではなかった、とグリーンペーパーは言う。

> 私たちは、この厳格な新しいアプローチは教師の職能成長のみならず、給与決定についての資料でなくてもならないと考える…（中略）…実際、1991年に導入された勤務評定制度のもとでは、給与と勤務評定の間の人工的な断絶が大きな原因となって、勤務評定がマージナルなものとみなされ、校長も教師も真剣にうけとめてこなかったのである[23]。

実際に制度化されたパフォーマンスマネジメントは、ほぼグリーンペーパーの提案どおりの手続きに即して実施されることになったが、業績評価と年次昇給との結びつきはやや弱められており、「傑出した業績に対して2年分の経験ポイントを与える決定の資料」[24]として用いられるとされるにとどまっている。これは、グリーンペーパーの公表後に実施された意見聴取において、教育の質を向上させるという基本的な意図については支持する意見が大勢を占めたものの、給与制度改革とパフォーマンスマネジメントの提案については、教育雇用省による公表結果でも、3分の1が賛成であり、反対が2分の1にのぼったことによるものであろう[25]。しかし、制度が実施されてからも、教育技能省（Department for Education and Skills、2002年に教育雇用省を再編）は、教員給与について政府に勧告を行う「学校教員の給与と勤務条件に関する調査機関（School Teachers' Review Body）」に対して、「基本給与表上における昇給が業績に基づくものであるべきかどうか…（中略）…その場合、どのような方法によるものが望ましく、いつから実施すべきか」[26]の検討を要請している。「給与決定は厳格な年次評価を基礎とするものであること」という、業績主義のいっそうの

123

徹底はけっして放棄されたのではなく、当初予定していたよりも慎重な進め方がとられているということであろう。

さて、給与制度改革のもう一つの大きな施策が昇級審査である。基本給与表に加えて、上級給与表が創設された2000－01年度の給与年額を£1＝190円で換算して示すと、次のようになる[27]。

＜基本給与表＞　ポイント：給与年額
　1：¥ 3,047,220　2：¥ 3,230,190　3：¥ 3,399,480
　4：¥ 3,577,890　5：¥ 3,765,990　6：¥ 3,963,780
　7：¥ 4,186,650　8：¥ 4,438,020
　9：¥ 4,720,170
＜上級給与表＞　ポイント：給与年額
　1：¥ 5,114,610　2：¥ 5,303,850　3：¥ 5,499,930
　4：¥ 5,703,420　5：¥ 5,914,320

基本給与表の上限は9ポイントであり、学歴や前歴によって初任給ポイントが異なるが、通常は順当に年次昇給をしていくと7～8年で昇給がストップする。その後は、今回の給与制度改革までは、主任などの校内の職務を担うことで手当てを支給されるか、または校長・教頭となって別の給与表に基づいて給与を支給されない限り、実質的に給与増の機会はなかったのである。その結果、グリーンペーパーが給与制度改革の提案を行った当時、初等学校の教師の3分の1が9ポイントに位置づけられており、同じく3分の1が学校内の職責を担うことで最大£3,000（¥ 570,000）の手当てを支給されていた。中等学校では、5分の1が9ポイントの給与を受け、2分の1が最大£7,000（¥ 1,330,000）の手当てを支給されていた[28]。

そこで、教師が「教室でのすぐれた成果によって昇進・昇給できる」ようにし、「教職にとどまらせ、意欲を高める」ために提案されたのが、基本給与表のうえに上級給与表を創設し、基本給与表の最高ポイントにすでに到達しているか、次年度に到達する予定の教師に昇級を「申請」

する機会を与えることであった。そして、昇級するためには、教師自身がまず「教室での業績を中心に、新しい全国的水準を常に満たしていることを証明しなくてはならない」[29]としたのである。具体的には、次のように、教師による審査資料の提出、校長による評価、校長の評価の妥当性を認証する外部審査官による評価という内部評価と外部評価を統合した手続きが提案された[30]。

- 授業実践において継続的に高い質が維持されていること、その結果として生徒の成果に肯定的な影響を及ぼしていることを教師が証明すること
- 職能成長に熱心に取り組んでいること、それが実際に教室での成果に影響を及ぼしていることの証拠を教師が示すこと
- 全国的な水準に照らして、校長が教室の観察と直属の上司の報告に基づいて、教師の成果を的確かつ慎重に評価すること
- 外部審査官が校長の判断をチェックすること(外部審査官は、申請者についての資料を点検し、校長と協議し、一部の申請者については自分で観察を行う)

パフォーマンスマネジメントにおける業績評価の給与決定資料としての活用と同じように、昇給審査の提案に対しては、教員団体をはじめ多くの関係団体や個人からの批判が集中した。それにも関わらず、政府は細かな点での修正はあるものの、基本的にグリーンペーパーの提案を実行に移すことを決定した。教育雇用省は、1999年7月に意見聴取の結果を受けて、見解を公表したが、そこには次のように述べられていた。

> 教師はシンプルな申請フォームを用いて審査を申請することになる。全国的な審査基準は効果的な授業に関する確固たる証拠によるものではなくてはならない。教育雇用省は、この基準を設定するために、コンサルタント会社のヘイ・マクバー(Hay McBer)の協力を求めている。まもなく、明確な基準を公表することができるだろう[31]。

2000年3月、教育雇用省は昇級審査の基準を公表した。しかし、この評価基準は勤務条件の変更に相当するにも関わらず、そのために必要な法的手続きを踏まなかったとして、全国教員組合はその無効を高等法院に提訴したため、昇級審査の実施に混乱が生じた。結局、高等法院は全国教員組合の主張を受け入れた判決を出したため、教育雇用相は学校教員の給与と勤務条件に関する調査機関に改めて諮問を行わざるを得なかったのである[32]。こうした混乱を経て確定された昇級審査の評価基準は、資料に示した。教師はまず自分で申請フォームに示された8項目の基準について、それらを満たしていることを証明しなくてはならない。実施初年度の概要は、すでに「はじめに」で示したとおりである。

## (2) 新しい教員評価の効果

　それでは、このような新しい教員評価は実際に教師たちにどう受けとめられ、また、どのような効果をもたらしているのであろうか。「はじめに」で示したMORI調査とは別に、このことをうかがい知ることができる、もう一つの調査結果がある。それは、ウォーウィック大学（University of Warwick）の研究者がイギリスの全国教員組合(National Union of Teachers、NUT）の委嘱を受けて、12の地方教育当局の組合員約13,000人を対象に、2001年の春から夏にかけて実施した質問紙調査である（以下、NUT調査と略称）[33]。実は、政府が委嘱したMORI調査と同様、このNUT調査も教員給与について政府に勧告を行う、日本の人事院に似た役割を果たす、学校教員の給与と勤務条件に関する調査機関に資料として提出されたものである。

　質問紙は、性別や職歴、学校内での職責などの個人データを尋ねる部分に続いて、パフォーマンスマネジメントと昇級審査について述べた命題について「まったくそう思う」「そう思う」「そう思わない」「全然そう思わない」「どちらとも言えない」を選択して答える部分と自由記述部分とから成り立っている。回収率は21％であった。

　まず昇級審査に関する設問への回答をみてみよう（P.128・表1を参照）。「昇級審査は自分の到達点、技術、能力を知る貴重な機会を提供して

くれた」という命題に肯定的（「まったくそう思う」と「そう思う」の合計、以下同じ）22.5％に対し、否定的71.6％（「そう思わない」と「全然そう思わない」の合計、以下同じ）と、昇級審査に教師としての力量向上につながる意味を見出している教師は少数派にとどまっている。そうであれば、申請にけっしてわずかとはいえない時間と手間をかけるだけの意味を見出すのは難しい。事実、「昇級審査の申請書の作成にはそれだけの時間と労力を費やす意義があった」に肯定的は14.2％、否定的は76.5％であった。

　次の記述回答にみられるように、多くの教師は自分の昇給につながるとはいえ、昇級審査のために子どもたちと直接関わる時間が奪われていくことに憤りを感じていた。「これ以上書類の作成に時間を費やすより、子どもたちの教育という私のしごとにとりくませてくれませんか？」（男性・30代）。「もし選択できるのであれば、私は教師をやめるかもしれない。教師のしごとは書類仕事ばかりになってしまった。大量の紙切れに費やされる時間。それも、きちんとした理由もないのにしょっちゅう見直されては、改訂される書式。そんなものより、子どもたちがずっとはるかに大切です。」（女性・40代）。

　業績審査による昇級制度についての全体的評価をみても、「昇級審査は教師の技術と経験に報いる妥当かつ公正な方法である」に肯定的は5.71％、否定的は84.9％と圧倒的多数が否定的評価をしている。しかも「まったくそう思わない」という強い否定が60％と過半数を超えている。この数字はMORI調査で、5分の3の教師がこの施策に原則的に反対と答えていたことと一致するものである。教師たちの業績主義給与の受けとめ方と「教師の優れた業績に報い、成功への意欲をいっそう駆り立てる」ものだという政府の主張との間には大きな隔たりがあるといえるだろう。

　政策の論理と教師の受けとめ方に違いがあるのは、パフォーマンスマネジメントについても同じである（P.128・表2を参照）。「パフォーマンスマネジメントは自分の到達点、技術、能力を知る貴重な機会を提供してくれる」に肯定的24.6％に対し、否定的56.4％であった。昇級審査についての同様の設問に対する回答と比較して、否定的な意見がやや減って

### 表1　昇級審査はどう受けとめられているか

＊昇級審査は自分の到達点、技術、能力を知る貴重な機会を提供してくれた

| まったくそう思う | そう思う | そう思わない | 全然そう思わない | どちらとも言えない |
|---|---|---|---|---|
| 3.5% | 19.0% | 29.2% | 42.4% | 5.9% |

＊昇級審査の申請書の作成にはそれだけの時間と労力を費やす意義があった

| まったくそう思う | そう思う | そう思わない | 全然そう思わない | どちらとも言えない |
|---|---|---|---|---|
| 3.1% | 11.1% | 20.1% | 56.4% | 9.3% |

＊昇級審査は教師の技術と経験に報いる妥当かつ公正な方法である

| まったくそう思う | そう思う | そう思わない | 全然そう思わない | どちらとも言えない |
|---|---|---|---|---|
| 1.5% | 4.2% | 24.9% | 60.0% | 9.5% |

### 表2　パフォーマンスマネジメントはどう受けとめられているか

＊パフォーマンスマネジメントは自分の到達点、技術、能力を知る貴重な機会を提供してくれる

| まったくそう思う | そう思う | そう思わない | 全然そう思わない | どちらとも言えない |
|---|---|---|---|---|
| 1.8% | 22.8% | 34.8% | 21.5% | 19.0% |

## 5章 「新生労働党」の教員政策と新しい教員評価

＊パフォーマンスマネジメントはニーズに応じた職能成長への権利の保障につながる

| まったくそう思う | そう思う | そう思わない | 全然そう思わない | どちらとも言えない |
|---|---|---|---|---|
| 2.4% | 15.7% | 31.8% | 18.5% | 31.5% |

＊パフォーマンスマネジメントは教育活動の質的向上に役立っている

| まったくそう思う | そう思う | そう思わない | 全然そう思わない | どちらとも言えない |
|---|---|---|---|---|
| 3.0% | 15.1% | 32.1% | 33.2% | 16.6% |

＊業績評価は意欲の向上に役立っている

| まったくそう思う | そう思う | そう思わない | 全然そう思わない | どちらとも言えない |
|---|---|---|---|---|
| 1.5% | 6.6% | 30.1% | 50.5% | 11.3% |

＊業績評価にはそれだけの時間と労力を費やす意義がある

|  | まったくそう思う | そう思う | そう思わない | 全然そう思わない | どちらとも言えない |
|---|---|---|---|---|---|
| 評価する側 | 1.9% | 20.8% | 33.5% | 20.7% | 23.1% |
| 評価される側 | 1.5% | 16.2% | 34.1% | 25.7% | 22.5% |

＊業績評価に伴う事務的作業は負担にはならない

|  | まったくそう思う | そう思う | そう思わない | 全然そう思わない | どちらとも言えない |
|---|---|---|---|---|---|
| 評価する側 | 2.7% | 17.1% | 36.4% | 30.4% | 13.4% |
| 評価される側 | 2.4% | 15.5% | 34.1% | 27.0% | 17.6% |

いるのは、パフォーマンスマネジメントが一年間というサイクルで継続的に同僚教師と教育実践についての意見を交換することができる機会となっているからかもしれない。それにしても、否定的な意見が肯定的な意見の2倍以上であることに変わりはない。

さらに、かりに自分の教育実践の長所と短所を自覚することができても、適切な研修機会が保障されて、長所を伸ばし短所を補うことができるようになっていなければ、教師の力量向上には結びつきにくい。この点について、政策が言うようにパフォーマンスマネジメントが「ニーズに応じた職能成長への権利の保障につながる」に肯定的が18.1％であったのに対して、否定的が50.3％となっており、「パフォーマンスマネジメントは教育活動の質的向上に役立っている」にも肯定的18.1％、否定的65.3％であった。「パフォーマンスマネジメントは職能成長の希望を持たせておきながら、そのための財源が伴っていない」（男性校長・40代）というような、政府による財政保障への不信もこの点と大いに関わりがありそうである。

NUT調査では、パフォーマンスマネジメントの過程のうち、最終段階で行われる業績評価について、とくにとりあげて質問している。その結果、「業績評価は意欲の向上に役立っている」については、過半数の50.5％が「全然そう思わない」と強く否定しており、「そう思わない」とあわせると否定的回答が80.6％にのぼった。他方、「まったくそう思う」と「そう思う」をあわせても10％に満たない。他の設問と比べても、これについての否定的な回答が最も高い。こうしたことからは、パフォーマンスマネジメントと言われるもののうち、同僚との継続的な教育実践をめぐる意見の交換や力量向上のための相互評価となりうる側面と総括的な評価結果を明らかにして給与につなげていく側面に対する受けとめ方が異なっていることも推測できそうである。給与への反映という業績主義を排除して、まったくの資質能力の向上を目的とする評価であったならば、イギリスの教師はもっと肯定的だったかもしれない。

さらに、NUT調査で興味深いのは、「パフォーマンスマネジメントにはそれだけの時間と労力を費やす意義がある」かどうかという総合的な評価を評価する側と評価される側の両方に尋ねている点である。表が示すよう

に、評価する側で肯定的22.7％、否定的54.2％である一方、評価される側では肯定的17.7％、否定的59.8％となっている。評価する側（校長や主任など）でも半分以上はパフォーマンスマネジメントの意義を否定的にとらえているのである。パフォーマンスマネジメントによって生じる事務的負担への批判は評価する側の方が強い。こうした受けとめ方の一因には、教育水準庁による視察や従来の勤務評定、管理職や同僚による日常的な評価によって、教師の実践に関する十分な情報がすでに得られているという意識もあるのではないだろうか。

## まとめ

　パフォーマンスマネジメントと昇級審査という新しい教員評価が実施された背景とその経緯をみると、やはり最も大きな問題となっていたのは、評価結果と給与との結びつきに示される業績主義的側面であった。イギリスの教師たちは、パフォーマンスマネジメントが同僚教師たちとの継続的な教育実践をめぐる意見交換や職能成長のための相互評価となりうる側面については、否定していない。業績主義的な要素が加わることで、教師の専門家としての成長に貢献する可能性までもが損なわれてしまうことに対しては、教員評価のあり方を考えるうえで、最大限の配慮がなされるべきであろう。

　ただし、なお見逃してはならない点として、新しい教員評価においてどのような評価基準が設定されているかという問題がある。教育雇用省が全学校に配布した指導文書には、パフォーマンスマネジメントで設定される個々の教師の目標が例示されている。たとえば、5歳児担当の初等学校教師の場合は次のようである[34]。

　　<u>職能成長に関する目標</u>
　　・評価サイクルの終了時までに、授業中に情報コンピュータテクノロジー（ICT）を活用することができる技術と自信を身につけること。

・学級全体を対象とした情報コンピュータテクノロジー（ICT）の一斉授業を実施するため、夏学期中に教材を計画、開発すること。

**生徒の進歩に関する目標**
・来年までに、読み書き能力の全国基準（Literacy Framework）が規定する、この年度中に児童に教えられなくてはならないことのほぼすべてができるクラスのなかの子どもの割合を45％～50％に高めること（現在は、40％）。

　他の例をみても、すべてに共通しているのが、生徒の学習成果に関して数値目標が設定されていることである（たとえば、中等学校の英語教師の場合、「クラスのほぼ全員（85％）が年度末までに基本的なエッセイ（単純な文構造と複雑な文構造の両方を用い、適切な段落わけを行い、日常的に用いられる句読法を正確に行い、想像的かつ的確な語彙の選択がなされている）を書けるようにすること」）。このようなパフォーマンスマネジメントの本質的特徴は、次のように要約されている。

　　　それは目標のピラミッド的な階層構造といえるものである。学校にとっての目標―管理職にとっての目標―教師にとっての目標。同じように、生徒の目標は学校という鏡に映し出される。パフォーマンスマネジメントのねらいは、提供されたカリキュラムと受け取られたカリキュラムの一致を改善することにある。パフォーマンスマネジメントは、学校の目標を設定し、合意し、総括する過程を通じて、教師を個人として、チームとして支援することで、この目標を達成しようとするのである[35]。

　しかし、この階層構造は学校内にとどまるものではなく、国と地方と学校と個々の教師を包み込んだ、さらに大きな体系として構造化されている。職能成長に関しても、本章でこれまでにみてきたような標準化され

つつある教師の資質能力（国家の定義する専門性）に則った内容の目標を設定することが推奨されている。このようなパフォーマンスマネジメント体制のなかでは、教師が教育実践の根本的な意味や目的を問う余地はほとんど残されていないのではないだろうか。

　本章でみた、イギリスの新しい教員評価に対する教師の受けとめ方は、奇しくも同じ年度に開始された東京都の教員人事考課制度に対する教師の受けとめ方（1章を参照）とよく似た傾向を示している。それは、イギリスの新生労働党政権のもとでの教育政策・教員政策と日本の教育政策・教員政策がかなりの程度共通しているからであろう。グリーンペーパー『教師　変化の挑戦に応える』が掲げる「教職の現代化」は、文部科学省の「21世紀教育新生プラン」がいう「教師の意欲や努力が報われ評価される体制づくり」と内容だけでなく、表現的にも驚くほど似ている。こうした教育改革と教育政策にどう応え、どう切り結んでいくかという理論＝実践的課題もまた、日本とイギリスでは共通することが多いはずである（付録資料を参照）。

【資料】昇級審査の申請フォームと審査基準（教育雇用省のホームページ、www.dfee.gov.uk／teachingreformsからダウンロードしたものを翻訳、作成した。）

1．知識と理解
あなたの担当（複数）教科を教えるための知識が偏りなく最新のものであること、また担当教科以外のカリキュラムについても、あなたの教科に関連することに注意を払っていることを要約して示してください。

校長の審査

□基準を満足している　　　　□基準を満足していない

以下の審査基準についても、同じ書式で記入する（太字は申請フォームにおいてイタリック体で強調されていた部分）。

2.1　授業と評価－授業計画　あなたが一人ひとりの生徒の学習ニーズを満たすために毎時間の授業及び一連の授業を**常に効果的に**計画していることを要約して示してください。

2.2　授業と評価－学級経営　あなたが授業経営と学級経営における適切な手法を**常に効果的に**用いていることを要約して示してください。

2.3　授業と評価－生徒の進歩の把握　あなたが生徒の到達度についての的確な予測を得るために以前の到達度についての情報を**常に効果的に**活用していること、また明確で建設的なフィードバックを与えるために生徒の進歩を**常に効果的に**把握していることを要約して示してください。

3．生徒の進歩　**あなたの授業**の結果として、生徒たちが以前の到達度と比較して十分な到達度を示し、国内の同様な生徒たちと比較して同等またそれ以上の進歩を示していることを要約して示してください。これは、適切な全国テストあるいは試験の成績もしくは評定、そのようなテストや試験が実施されていない場合には、学校独自の評価の形で示されなくてはなりません。

4.1　授業に直接関わるもの以外の専門的能力－職能成長　あなたが**自分の職能成長**に責任を負い、その結果を授業と生徒の学習の向上に役立てていることを要約して示してください。

4.2　授業に直接関わるもの以外の専門的能力－学校改善　あなたが勤務校の方針と目標の達成に**積極的に貢献している**ことを要約して示してください。

5　専門職としての特性　以上にあなたが述べてきたことの多くは、**あなたが身につけている教師としての特性**についての情報を提供してくれるものです。あなたが有能な専門職として、すべての生徒たちが最善を尽くせるよういかに働きかけ援助しているかを示す、他の例をあげてください。

(1) *Times Educational Supplement*, 21 September 2001.「はじめに」の内容は、この新聞記事による。
(2) 著者はこれまで performance management の訳語として「業績管理」をあててきた。しかし、それは教師の職務遂行能力（competences）の発揮を、その結果だけでなく、教育活動全般を通じて統御（manage）しようとするものであるので、職務遂行管理とするのが適切であると考えるようになった。しかし、職務遂行管理という訳語は煩瑣な語感があるので、本書では「パフォーマンスマネジメント」と表記している。また、threshold assessment は上位の給与表との間に threshold=関門を設けて、昇級を審査するものであるので、本書では「昇級審査」の訳語をあてた。
(3) このレベルは1988年教育改革法によって導入されたナショナルカリキュラムに基づく到達度水準を示すものであり、白書公表時点でそのレベルに到達している生徒の割合は英語と数学でそれぞれ58％と54％であった。なお、新生労働党政権の教育政策・教育改革については、岩橋法雄（2003）「Ⅳ 教育」戒能通厚編『現代イギリス法辞典』（サイエンス社）257－272ページを参照。
(4) 白書の公表時点で既に招集されていた「教育水準作業部会」は、ブランケット教育雇用相を議長、主任学校視察官の クリス・ウッドヘッド（C.Woodhead）とバーミンガムの教育長である ティム・ブリッグハウス（T.Brighouse）を副議長にしており、その他のメンバーは「優秀な」現職教員を含む教育関係者と産業界からの代表から構成されている。その付託事項は次のようである。
・広範な教育関係者を水準向上の新たな運動に結集させる。
・先頭に立って使命の達成に務め、教育サービスのあらゆる領域に対する十字軍となる。
・学校の教育水準を向上させ、読み書き能力と数的能力についての全国目標達成についての進捗状況と実施状況について大臣に助言を行う。
・全国的、国際的に優れた実践を常に大臣に知悉させる。
Department for Education and Employment (1997) *Excellence in Schools*, London: DfEE,. para.38.
(5) 新しい行政経営（NPM）については、とりあえず、デビッド・オズボーン，テッド・ゲーブラー（野村隆・高地高司訳）『行政革命』（日本能率協会 マネジメントセンター、1995年）、『季刊教育法【特集】学校への民間的手法の導入』No. 137（エイデル研究所、2003年）を参照。
(6) Department for Education and Employment (1997) para.17。
(7) Ozga, J. (2000) *Policy Research in Educational Setting*, Buckingham: Open University Press. pp. 20 - 25.
(8) Teacher Training Agency (1998) *Corporate Plan 1998 - 2000*, London: HMSO.

## 5章 「新生労働党」の教員政策と新しい教員評価

(9) ibid.
(10) Teacher Training Agency(1997)*Standards for the Award of Qualified Teacher Status*, London: HMSO.
(11) Teacher Training Agency(1997)*Initial Teacher Training Curriculum for Secondary English*, London: HMSO.
(12) Hargreaves, A. & Evans, R. (1997) Teachers and Educational Reform in Hargreaves, A. & Evans, R. (eds.) *Beyond Educational Reform: Bringing Teachers Back In*, Buckingham: Open University Press, pp. 1 - 18.
(13) Lawlor, S. (1990) *Teachers Mistaught*, London: Centre for Policy Studies. この間の教員養成制度改革の動向については、西川信廣「イギリスの『学校における教師養成』の提起するもの」松浦善満・西川信廣編著『教育のパラダイム転換』（福村出版、1997年）、高野和子「イギリスの教員養成の動向」浦野東洋一・羽田貴史編『変動期の教員養成』（同時代社、1998年）を参照。
(14) Ozga, J. (2000) p.27.
(15) Hargreaves, A. & Evans, A. (1997) Teachers and Educational Reform in Hargreaves, A. & Evans, R. (eds.), *Beyond Educational Reform Bringing Teachers Back In,*. Buckingham, Open University Press, p.7.
(16) Department for Education and Employment (2000) *Performance Management in Schools - Performances Management Framework*, London: DfEE, p.5.
(17) ibid. p.6.
(18) ibid. p.7.
(19) Department for Education and Employment (1998), *Teachers meeting the challenge of change*, London: DfEE. Foreword.
(20) ibid. para.69.
(21) ibid. para 71.
(22) ibid. para 78.
(23) ibid. para 81.
(24) Department for Education and Employment (2000) *Performance Management in Schools : Performance Management Framework*, London: DfEE.
(25) Rv The Secretary of State for Education and Employment ex parte The National Union Teachers, 23 August 2000, para.32. これは、昇級審査を導入するにあたり、教育雇用相が正しい手続きを踏まなかったことを全国教育組合が訴えた事件の高等法院による判決である（注31を参照）。
(26) Department for Education and Skills (2002) *Letter sent to Chair of the School Teachers'*

*Review Body,* 1 August 2001.

(27) School Teachers' Review Body (2002) *Eleventh Report,* London: HMSO. ちなみに、管理職の給与表は￥5,604,810～￥14,98,770の42ポイントからなる。また、1998年9月、教師としての通常の仕事に加えて、勤務校内外の授業改善や教員研修に貢献する義務を負う上級技能教師（advanced skills teachers）というカテゴリーが導入された。上級技能教師の給与表は￥5,308,410～￥8,468,490の27ポイントからなる。

(28) ibid. para 68.

(29) ibid. para 84.

(30) ibid. para 86.

(31) Department for Education and Employment (1999) A Response to Consultation Exercise, London: DfEE, para.12.

(32) 昇級審査が実施されるまでの経緯については、佐貫浩（2001）「教育改革のなかでの教師の苦悩」『教育』No.662（国土社）を参照。

(33) Neill,St J.(2001)*Performance Management and Threshold Assessment A survey analysed for the National Union of Teachers* ,Warwick University.この資料はNUTから著者が直接提供されたものである。調査報告書では単純集計だけでなく、個人の属性と選択式回答とのクロス分析も行われているが、本文中の表はその一部のみを用いて作成した。

(34) Department for Education and Employment (2000) *Performance Management in Schools : Performance Management Framework,* London: DfEE.

(35) Bubb, S. & Pauline, H. (2001) *Performance Management Monitoring Teaching in the Primary School,* London: David Fulton Publishes Ltd, p.3.

終章

# 教員評価から開かれた学校づくりへ

　東京都の教員人事考課制度をはじめ、これから各地で展開していくであろう「政策としての評価」をどうとらえて対応していけばよいのか。序章で述べたように、著者は「政策としての評価」が持っている矛盾や問題について十分な批判的検討を加えながら、教師の専門家としての成長を通じて教育活動の質を高めるという、教員評価の「目的」に創造的に固執すべきであると考える。そして、このような立場からは、教師が同僚教師、子ども、父母・保護者、地域の人々と教育実践の目的と方法と成果に関する本質的な対話を行い、それに基づいて実践とその条件を協同的に変革していくアクションリサーチとして教員評価を理論＝実践的にとらえなおすことができるのではないかと考えている。事実、すでにこうした実践的模索ははじまっている。
　たとえば、序章でも触れたように、「土佐の教育改革」が行われている高知県では、生徒による授業評価が「開かれた学校づくり」の一環として実施されており、教師にもある程度積極的に受けとめられている[1]。ある高校では、子ども、保護者、教職員による学校評価アンケートを行い、その結果、子どもにとっても教師にとっても「授業が最大のストレス」になっていること、それにも関わらずどのような授業が望ましいかをめぐって両者の間に「認

## 終章 教員評価から開かれた学校づくりへ

識のギャップ」があることがはっきりしてきたことを受けて、生徒会と教職員の間で「授業に関する懇談」を実施した。このような一種の教員評価が教師に受けとめられるのは、評価が授業をよりよいものにするための取り組みへの生徒自身の参加につながるものだと考えられているからである。

　高知県に限らず、近年は政策として学校評価が推進されていることもあり、生徒アンケートや保護者アンケートを実施する学校や教師が増えてきた。滋賀県のある女性教師は、保護者アンケートのなかから「立身出世の願いや社会・家族への奉仕よりも、まずこの生きにくい世を自分らしくけなげに生きて欲しい」という親の願いを感じとることができて安心したという。生徒アンケートからは「わかる授業、ていねいな授業」の要望が群を抜いて多く、これが保護者の求めるものとも一致しているように思われたことが「公開授業」の取り組みへとつながった。この教師が保護者アンケートや生徒アンケートを行うのは、教師が依拠すべきは「教師が正しいと思った教育内容を生徒に与えればよい」という意味での専門性ではなく、「教育を受ける側の生徒の要求」「子どもを託する親の願い」ではないかと考えるからだという。そして、「先生が目指している教育が生徒に届いていないような気がする。もっと具体的に、生徒にその情熱が伝わるように努力して欲しい」という保護者の声に応えていきたいと語り、フォーラム（三者協議会）の開催を次の課題としている。

　これらの取り組みに特徴的であるのは、教師がアンケートを実施するだけではなく、その結果を出発的にして、「どういう授業をしてほしいか」「どういう授業をしたいか」「どういう学校にしたいか」ということについて、子ども、保護者とともに率直に意見を述べあう協同的な対話のプロセスをはじめようとしていることである。それは評価をきっかけとして、子ども、保護者を「聴き取られる存在」から、学校づくりの「参加の主体」にしていくということでもある。

　同様の取り組みは、イギリスでもみられる。ベッドフォードシャー（Bedford-shire）のある中等学校では、1996年から「研究者としての生徒（student as researcher）」というプロジェクトが行われている[2]。この学校では、以前から教師が主体的に研修を行い、その成果を学校づくりに生かしてき

た。その過程で生徒アンケートも実施してきたが、ただ教師の作ったアンケートに答えさせることの限界が感じられるようになり、何が学校づくりの課題なのかを明らかにする最初の段階から生徒参加を位置づけようと考えたことが、このプロジェクトの始まりだった。この「研究者としての生徒」というアイディアは、ステンハウスの「研究者としての教師」の延長線上にあり、教師による主体的な授業づくり、学校づくりの取り組みを発展させることが、必然的に生徒参加の授業づくり、学校づくりにつながったと説明されている。

　プロジェクトでは、生徒が5～6人のグループで自分たちの視点から、授業改善など、学校をよりよいものにするための課題を探し、課題解決のためのデータを収集し分析して、提言を行っている。2000年度に生徒たちが取り組んだテーマには、たとえば次のようなものがある。

・表現芸術学習に施設・設備などの環境がもたらす影響
・技術学習におけるジェンダー
・食堂の施設・設備
・生徒への動機付けの手段としての表彰
・キーステージ3（11～14歳）における性教育
・選択体育におけるドロップアウト問題

　次のシャーンブルック校の元生徒の声からは、「研究者としての生徒」プロジェクトが生徒自身の成長や学習、生徒と教師の関係、そして学校づくりにどういう効果をもたらしているかをうかがい知ることができる。

　　プロジェクトに参加し続けていくうちに、どの生徒も学校というコミュニティの価値あるメンバーだということ、生徒が学校について感じていることは意味のあることなのだということが理解できるようになりました。…（中略）…リサーチプロジェクトを進めたことで、プロジェクト以外でも、生徒が自分たちの意見を表明するようになりました。意見を言えば、真剣に受けとめてもらえるとわか

ったからです。…(中略)…「研究者としての生徒」は、いろいろな点で影響をもたらしています。先生の生徒に対する見方、接し方が変わり、先生はもっと生徒を対等なものとして、授業をよりよいものにしていくうえで助けになるものとしてみるようになりました。生徒が自分自身をどう考えているかも変わりました。自分たちはもっと**価値**があり、**尊重される財産**だと感じるようになったのです[3]。

　ここからは、シャーンブルック校の「研究者としての生徒」プロジェクトが、授業をはじめとする学校の教育活動に対する評価であり、その改善のための実践であると同時に、生徒をどう自立した主体的な人間に育てるかという教育実践でもあることが理解できるだろう。プロジェクトにおいて、教師の役割は限定的である。最初の段階で、生徒と教師が対等な立場に立つとはどういうことかを一緒に徹底的に議論する。この話合いをシャーンブルックでは「研修」と呼んでいる。そして、研究（リサーチ）に必要なスキルを教えたならば、あとは生徒の自主性に任せるが、生徒から出された提言には真摯に応えるというものである。実際に、生徒たちの提案が実現した事例も多い。たとえば、新採用で経験が浅い教師の授業をよりよいものにしていくため、生徒からのフィードバック（授業評価）を踏まえて、新任教師、指導教師、生徒の三者による授業カンファレンスが定期的に持たれているのも、生徒の提案から始まったものである。しかし、教師の役割が限定的であることは、重要でないことを意味しない。生徒と教師が互いに尊重しあい、価値を認め合いながら建設的な評価と学校づくりを行うために不可欠な民主的・協同的な価値と文化を学校に根づかせ、発展させる土台づくりは普段の教育活動を通して教師が担っているのである。

　シャーンブルック校において、教師中心の学校づくりから出発して、生徒が学校づくりの主体的な担い手として位置づけられるようになっていった経緯は、次のような段階的発展として振り返ることができる[4]。

①アンケートで生徒の意見を尋ねる（「データ・ソースとしての生徒」）

②生徒と一緒になって質問票を作成し分析する（「積極的な応答者としての生徒」）
③具体的な問題について生徒と協同で研究する（「共同研究者としての生徒」）
④生徒が自分たちにとって重要と思われる課題を研究する（「研究者としての生徒」）

　もちろん、こうした取り組みが最初から教師にスムーズに受け入れられたわけではないという。授業や教師の専門的力量に関して生徒の声を受け入れること（評価されること）にはとくに抵抗が強かった。しかし、生徒が教師とこれまでとは違ったパートナーシップを取り結ぶことを経験することで、自分自身の学習について真剣に考え、取り組み始めるという事実によって、教師の抵抗や懸念は徐々に和らいでいったという。
　しかし、こうした協同的アクションリサーチとしての評価（2章を参照）、「開かれた学校づくりとしての評価」は「政策としての評価」や学校文化とのせめぎあいのなかで模索されているのが現実である[5]。高知県でも、数年前から実施されている勤勉手当ての成績率による支給、「指導力不足教員」の認定と特別研修制度、そして新たな人事考課制度の導入という一連の「教員評価」政策に対しては、「『競争』を仕組むこと、教師攻撃こそが目的であり、『競争』しているという実績さえ作ればいいのか」という批判的な声が教師から聞かれている。全国的にも、保護者アンケートを実施しようとすることに対して、「親の中にはいろいろな人がいるから何を言われるかわからない」という理由をあげて反対する管理職も少なくない。しかも、これは一部の管理職に限ったものではなく、多くの教師にも見られる反応である。
　香川県をはじめいくつかの県では、東京都の教員人事考課制度と類似した「新勤評」がすでに実施されはじめており、私学でも経営者（理事会）から教員評価を実施したいという提案がなされている学校が近年増え始めている。これらの政策や提案は、教員評価の目的に教師の資質能力向上と給与などの処遇への反映を混在させることの矛盾、評価結果の

本人不開示や異議申し立て制度の不備といった根本的な問題が解消されないままに進められていることが多い。

　教員人事考課がいちはやく実施された東京都の一部の学校では、自己申告を教師みんなで話し合う、校長との面接では個人の目標にとどめず学校づくりの議論をしていくという取り組みが行われている。また、教員人事考課を教育実践に対する統制、教員管理の手段としてとらえる立場から、自己申告を提出しないなどの抵抗が行われてもいる。こうした抵抗的な取り組みには、莫大なエネルギーが費やされていることだろう。教師が「政策としての評価」に不信を感じ抵抗していることの影響は、やがては子どもの学習そのものにも好ましくない影響を与えずにはおかないのではないだろうか。「開かれた学校づくりとしての評価」として取り組まれているものも含めて、教員評価（学校評価）が学校の教育活動に与える影響の実証的研究は喫緊の課題であり、少なくとも今後の評価政策はその成果を踏まえて策定されなくてはならない。

　イギリスでも、シャーンブルック校の「研究者としての教師」にクリティカル・フレンド（critical friend、建設的な批判をためらわない友人）として関わった、マイケル・フィールディング（M. Fielding）は、「二つのシナリオ」ということを言っている[6]。その一つは、生徒の声の積極的擁護は「総合的品質管理（Total Quality Control：TQC）の構築主義的な一形態にすぎない」という見方である。生徒の声は、政府が権力的に規定した望ましい教師像に向けて教師を馴致させるものであったり、市場的な反応を教師に要求する消費者の声である。成果至上主義的な文化が席捲するなか、教育技術者としての教師のアカウンタビリティがますます強調される。生徒にしても、試験結果や資格という「教育成果の収集者」という従来の役割からの本質的な変化を期待することはできない、というものである。

　だが、こうした悲観的な見方も可能だとしながら、フィールディングは異なる可能性を含んだ現実が教師と生徒によって生み出されつつあるという見方を支持している。政府や市場が求めるものを越えて、民主的なコミュニティのなかで人が成長するという理念に確実に根ざした教育への可能性として、このような協同的アクションリサーチを捉えているのである。そ

れは、教師と生徒が学習のあり方、学校の現状を協同で探求することで新しい叡智と実践を生み出すことができるという確信に裏づけられた希望である。こうした協同を通じて、教師と生徒それぞれの役割もかつてのような画然と区別されたものではなくなり、相互に重なりあったり逆転したりすることも生じる。教師は生徒と互いに学びあうという相互学習的な関わりがなければ、現在の学習のあり方を越えて、想像的で充実した学習を創造することは難しい。フィールディングは教師が互いに学びあうことに留まらず、子どもや保護者・地域の人々とも互いに学びあうことが必要だとして、そのような関係を「ラディカルな同僚性（radical collegiality）」と表現している。

　本書では、教員評価の一つの理念として、教師の成長にとって、教育実践をその目的や価値にまでさかのぼって根本的に自己評価できる能力が決定的に重要であること、そして、その自己評価能力は、子ども、父母・保護者、地域の人々との教育実践に関する対話を通じて高められるものであり、協同性に基礎づけられてはじめて十分な意味をもつことを論じた。もちろん、教員評価（正確に言えば、教員評価の目的、内容、方法に関する議論）を契機として、「開かれた学校づくりとしての評価」が取り組まれるためには、教師の多忙化とゆとりの希薄化の解消をはじめ、自主的・自律的な研修の積極的保障など、さまざまな行政からの支援が必要となることは言うまでもない。

　他方では、子ども、父母・保護者の声を聴き、一緒に学校をつくっていこうという考えに対する学校と教師の抵抗感は依然として根強いという問題がある。「15、16歳の生徒に自分の授業の何がわかるか」というのは、少なくない教師の本音であろう。上述の滋賀県の女性教師は「父母と手をつなぐ取り組み」は「誰でもできる、どこでもできるはずのもの」だが、やはり「強い思いを持った誰か」が必要だとも述べている。個々の取り組みの交流を通して「子どもたちが変わった、学校が変わった」ということが共感を伴って他の学校、教師に伝わることで、実践は徐々に拡大していく。しかし、より大きな広がりをもって実践を変革していくためには、こうした学校と教師の意識と文化が変わらなくてはならない。

　著者は、このような「文化変動」（付録資料を参照）がきわめて重要な課題であると考えている。しかし、それはイギリス「新生労働党」政権が掲げる

終章 教員評価から開かれた学校づくりへ

「教職の現代化」がめざす新しい「文化」(5章を参照)とも、文科省「21世紀教育新生プラン」のいう「教師の意欲や努力が報われ評価される体制」とも異なる方向での変化である。端的にいえば、それはかつて大田堯が教師の教育の自由を定義して述べた「教師が何よりも親と子どもたちにたいして重い責任を背負わされ、同時に政府をはじめとして、社会全体からの強力な支援を保証されている状態のもとで、自己抑制を通じての創造的な実践が可能であること」(7)を実現することである。こんにちの教員評価の理念と政策と実践をめぐる問題の核心は、依然としてここにあるのではないだろうか。

(1) 土佐の教育改革については、浦野東洋一編『土佐の教育改革』(学陽書房、2003年)を参照。なお、この部分の記述については、2002年9月14～15日に龍谷大学で開催された民主教育研究所第11回全国教育研究交流集会の第3分科会「教員評価・学校評価の動向にいかに対応するか―参加と共同による学校づくり」での報告と議論をもとにしている。勝野正章(2002)「『評価から参加へ』をめぐって」『季刊 人間と教育』36号(旬報社)を参照。
(2) *Forum*,vol.43,No.2は「生徒の声(student voice)」を特集テーマにしており、シャーンブルック校の実践を詳しくとりあげている。
(3) Crane,B.(2001)Revolutionizing School-based Reserch,*Forum*,vol.43,No2.,pp.54-55
(4) Raymond, L. (2001) Student Involvement in School Improvement: from data source to significant Voice, *Forum*, vol.43 No.2, p.58.
(5) 長野県高等学校教職員組合が提案している「開かれた学校づくりのための私たちのアクションプラン」は、学校自己評価システムが政策的に導入されるなかで、その創造的対案として出されたものであり、「開かれた学校づくりとしての教員評価・学校評価」を展望している。そこには「学校長を中心に学校づくりを進めます」とある。それは、どのような授業がのぞましいか、どういう学校にしたいかという評価基準そのものを生徒、父母・保護者、教師が率直に意見を述べ合い、作り上げていくという民主的・協同的な評価を学校に根づかせることは、校長抜きには難しいからである。教員評価、学校評価の議論において、管理職論は不可欠な要素であり、著者の今後の課題としたい。
(6) Fielding, M. (2001) Beyond the Rhetoric of Student Voice: new departure s or new constrains in the transformation of 21st schooling, *Forum*, vol 43, No.2, p.108.
(7) 大田堯(1974)「教師の自由とその条件(三)」『教育』No.309(国土社)68ページ。傍点は原著者による。

## 付録資料

# イギリスと日本の教員評価

◎ロバート・チースマン氏（National Union of Teachers, Education and Equal Opportunity Department, Professional Assistant）へのインタビュー

日時：2003年2月20日　午後2:30～3:30
場所：全国教員組合本部（ロンドン）

---

**勝野**　今日は、教師のパフォーマンスマネジメントや業績主義給与に対する全国教員組合（以下NUT）の考え方を教えていただくために参りました。実は、日本でもイギリスと同じような教員評価の施策が一部の地方自治体で導入されていますが、これに対する教師の受けとめ方は、概して否定的なものになっています。教師が否定的である理由は、大雑把に二つあると思います。一つは、制度的な欠陥と言えるもので、とくに、教師自身が自分の業績評価書をみられないようになっている点が深刻です。自分の優れた点や改善すべき点がどのように評価者にみられているかを教師本人が知ることができません。もちろん、業績評価書にアクセスできないのですから、評価の結果に対して反論し、異議を申し立てる権利も与えられていません。

**チースマン**　業績評価書が教師本人に開示されていないことが問題だというのは、私もよく理解できます。幸いなことに、イギリスでは違っていますが、もしそうであるならば、きっと大きな抵抗が生じることでしょう。
　昇級審査（threshold assessment）は、専門職としての一定の基準を満

たしていることを条件に、中堅教師に£2,000を与えるものです。その
ための評価では、校長が記入した情報を教師本人が見ることができます。
さらに、校長は評価書の最後に教師が受けるべき研修内容を記入すること
になっているので、校長による評価で自分がどの基準について不十分だと
されたか、今後どのような研修のニーズがあるとされたかを教師は明確に
知ることができるのです。それは、今回は不十分とされた基準を将来満足
しようとする教師にとって有益なことです。もちろん、教師が自分に関す
る評価情報を知ることができなくてはならない重要な理由の一つとして、
不服申し立てや再審査[1]との関わりがありますが、基準を満たしていると
評価された教師も自分の情報を知ることができます。

　次に、パフォーマンスマネジメントでは、チームリーダーが評価書を作
成します。初等学校では、校長または副校長がチームリーダーとなること
が多いのですが、中等学校では、教科主任のように、通常はその教師にと
って直接の指導的立場にあたる者がチームリーダーとなります。パフォー
マンスマネジメントで設定される目標は、教師本人が同意した目標でなけ
ればなりません。最終的に、この目標が達成されたかどうかを判断するの
ですが、目標設定からはじまる一年間の過程はチームリーダーとの「対話
（dialogue）」の過程です。成果や専門職としての成長のニーズは、教師本
人に何も隠されてはいないし、隠されてはならないのです。イギリスでも
パフォーマンスマネジメントに対する抵抗はありますが、もし教師本人に
こうしたことが隠されているとしたら、抵抗はもっと大きなものになるで
しょう。そのような施策を実施することは、とても困難であったろうと思
います。

　日本の教師が（評価の過程に）自分たちの声を反映させることができな
いのは、深刻な不利益をもたらすでしょう。その点でイギリスのシステム
の長所と言えるのは、一定の「対話」があることです。もちろん、常に現
実がそうなっているわけではないのですが、制度として「対話」がなくて
はならないことになっていることが重要です。教師が専門職として成長す

るための評価は、そうでなくてはなりません。教師自身が(評価の)過程の一部とならなくてはならない。このことが明確に認識されなくてはならないと思います。NUTは、イギリスでも「対話」がまだ十分ではないと考えていますが、この点がどうやら両国のシステムの違いなのかもしれません。

**勝野** 日本の教師が否定的であることのもう一つの理由は、教員評価の目的をどのようにみているかに関係します。多くの場合、教師は教員評価とその給与へのリンクを自分たちの教育活動に対する統制をいっそう強めるために導入されたとみているのです。しかし、国や地方の政策としては、教員評価の目的は、教師のモラールや専門的な資質能力を高め、その結果として学校を活性化させることだと言われています。このような教員評価が2000年4月から実施されている東京都での教師と校長を対象にした調査があります（1章を参照）。制度目的として掲げられていた、教師のモラールと資質能力の向上、学校組織の活性化が認められるかという問いに対して、「どちらともいえない」と答えた教師も含めれば、90％の教師が肯定的にはみていません。むしろ、教師集団の協同に悪影響を及ぼしたり、目にみえる成果が強調されることで教育活動の視野が狭められたりといったことが心配されています。イギリスでも、ウォーウィック大学(Warwick University)の研究チームが、NUTの委嘱を受けて、教師と校長が昇級審査とパフォーマンスマネジメントをどう受けとめているかについて調査していますね（5章を参照）。その結果をみて、私はイギリスと日本の教師がこうした施策について、とてもよく似た受けとめ方をしているという印象を持ちました。

**チースマン** パフォーマンスマネジメントが教師と教育実践に対する統制管理の手段とみられているというのは、イギリスでも同じです。この10年ないし15年くらいの間に、イギリスでは学校評価や学校視察の公的な制度が次々に導入されています。学校を視察する独立機関である教育水準庁（Office for Standards in Education：OFSTED）が設置されましたし、英

語、数学、科学の全国テスト、11歳、14歳、GCSE（General Certificate of Secondary Education）のテストスコアについての国家レベルの目標があり、それと連動して、学校ごとに達成目標を定めることが法的に求められています。また、学校とカレッジの成果一覧表（performance table）が公表されています。このような一連のアカウンタビリティ施策が実施されているのです。

　このような状況のもとで、多くの教師は昇級審査やパフォーマンスマネジメントをやはり統制の強化であるとみています。注意したいのは、これまでのアカウンタビリティ施策が学校やカレッジといった機関を対象にしてきたのに対し、パフォーマンスマネジメントと昇級審査は本格的に教師個人を対象にしはじめた制度だということです。この10年ないし15年くらいの教育政策の背景のもとでは、イギリスの教師がこうした政策的イニシアチブを統制目的のメカニズムであるように受けとめるのは、ごく自然なことでしょう。

　NUTは一貫して、パフォーマンスマネジメントは学校内部の合意に基づくものでなければならないと主張してきました。校長、地方教育当局、あるいは他の誰からのものであってもトップダウン式のものではなく、同僚性に基づくアプローチ、すなわち強制されるものではなく合意されるものでなくてはならないということです。このことは、NUTの作成したパフォーマンスマネジメントの実施方針モデルに反映されています[2]。もし、パフォーマンスマネジメントをこのように実施することができるのであれば、可能性として、教師の専門性を高める基盤となりえます。しかし、多くの教師から統制管理の手段であるとみられているアカウンタビリティ施策の一つとして、パフォーマンスマネジメントには不信がつきまとっているのです。

　ただ、学校ごとにかなりばらつきのあるのが現状です。一部の学校では、長い間自主的に、管理職と教師の間の信頼関係に基づく評価を行ってきました。こうした学校では、新たにパフォーマンスマネジメントの

実施を求められても、すでにある構造に組み入れることができるので比較的容易に対応することができます。しかし、これまでそういうシステムを持たなかった学校では、一からはじめなければならないので困難はずっと大きいのです。先ほど言いましたように、パフォーマンスマネジメントがうまくいくためには、信頼関係、同僚性に基づいて行われることが不可欠です。制度としては、そのように実施することが可能ですが、現実には必ずしもそうなっていません。だから、「パフォーマンスマネジメントは可能性として有益なものであり得る」という言い方になるのです。

　具体的な問題として、パフォーマンスマネジメントでは教師が少なくとも３つの目標を設定しなければならないとされています。NUTは、３つ以上の目標を設定する必要はなく、一年間にわたる現実的かつ挑戦的な目標を３つ設定すればよいと考えています。そのうち２つは、どの領域について目標を設定しなくてはならないかが定められています。１つは生徒の学習成果、もう１つは教師の職能成長に関わる目標です。このうちの生徒の学習成果に関する目標については、深刻な論争点となっています。私たちの主張は、生徒の学習成果について、教師の目標をたとえば2003年度にX％の生徒がGCSE試験で８つのＣグレードを獲得するという形で設定すべきではないというものです。

　政府は公的な試験・テストの結果についての国レベルの目標を定めていて、そのうえに学校ごとの目標が設定されており、これらは相互に連動しています。学校ごとの目標が集約されて地方教育当局レベルの目標となり、地方教育当局レベルの目標が集約されて国レベルの目標となります。そして、この体系のなかで、国レベルの目標が個々の教師の目標として降ろされてきているということが一部では実際に生じているのです。私たちは、こうしたことは（可能性として利益をもたらしうる）パフォーマンスマネジメントの崩壊につながるものであると考えて、反対しています。

　日本でも、東京都の教師たちは教員評価を職場に不和を生じさせうるも

のであり、教師間の同僚性やチームワークを壊しかねないと受けとめていることが、調査で明らかになったということでしたね。イギリスでもまったく同じです。昇級審査をパスした教師には、£2,000が与えられます。この審査に申請する資格のある教師のうち、パスした割合は90％以上ですから、多くの教師にとって現実に給与増となるものです。NUTとしては、最初から、この制度に反対していますが、£2,000は大金ですから、組合員に申請しないようにというアドバイスはしていません。現実主義的なアプローチです。一部には、原則的な立場を貫いて、資格があるにも関わらず、申請をしなかった組合員もいますけれども。

　しかし、NUTの立場は、昇給は全面的なものであるべきであり、業績に関連した要素に基づいて決定されるべきではないというものです。その理由の一つは、すでに業績主義給与が導入されている他の公共サービス部門に関する研究をみると、業績主義給与が公平の原則に基づいて運用されているとは考えにくい、多くの事実が明らかになっているからです[3]。NUTが業績主義給与に反対する、もう一つの理由は、生徒の学習成果と結びつけられていること、すなわち、必ずしも教師が左右することのできない要因と給与が結びつけられていることです。もちろん、教師にはできることがたくさんありますが、一方で最良の教師であってもどうしようもない要因として、家庭環境や社会経済的背景などが学習成果に影響を与えているわけです。私たちは、こういう仕組みを「出来高払い制度(payment by results)」と呼び、一貫して反対してきました。そもそも、100年以上前に、同じような状況のなかで、NUTが設立されたのです[4]。

　教師たちも£2,000を受け取ってはいますが、必ずしも、教師ごとの個別的な給与決定が望ましいとは考えていません。パフォーマンスマネジメントと同様に、昇級審査でも、生徒の学習成果が評価対象となっていますが、教師たちは子どもの学習成果に対して自分たちが個々に影響を与えているとは考えていないからです。多くの教師は（生徒の学習成果と給与を結びつけることを）きわめて乱暴な因果関係のきめつけであり、現実に即

したものではないと見ています。私も同意見です。学校はある種の環境であり、協同の営みの場です。専門職どうし、また専門職と生徒の間には複雑で繊細な関係が存在します。こうした点からすると、昇級審査は分断的（divisive）なものです。パフォーマンスマネジメントも問題を個人レベルに帰着させるものであり、多くの教師は不適切であると考えています。

　また、さきほど昇級審査に申請した教師の90％以上がパスしていると言いましたが、この数字もある面では確かに肯定的ですが、否定的なものでもあるのです。数％の教師が不合格とされるわけですから、この教師たちにとっては確実にモラールを低下させる効果を持ちます。個々の教師ごとにみれば、数％の教師であってもモラールを損なう制度であることを見逃すことはできません。

**勝野**　実は、さきほどの東京都の教師と校長を対象にした調査では、教師と校長で受けとめ方にはっきりとした違いがあるのです。校長の場合、大雑把に言うと、40％は否定的ですが、40％は教員評価の効果について肯定的にとらえています。イギリスの教師と日本の教師では、たいへんよく似た結果が見られるのですが、校長に限って言えば、ずいぶんと違っているように思います。イギリスでは、校長もパフォーマンスマネジメントについて、かなり否定的な考えを持っていますね。この日本との違いは、たいへん興味深い点です。もしかすると、それは日本の学校経営がトップダウン・スタイルで、管理職がはっきりと管理する側に立つことが多いということに関係しているのかもしれません。日本の教師は、学校内における管理職との関係をしばしば対立的なもの、葛藤を伴うものとしてみています。

**チースマン**　確かに、大変興味深い点ですね。日本の制度について熟知しているわけではありませんが、あなたが言ったように、日本の学校では管理職と教職員との関係がイギリスの学校以上にトップダウン的であること

が、この違いの理由の一つかもしれません。イギリスの校長の方が、教師たちとの関係をより親密なもの、同僚的なものとみているかもしれません。それから、私たちNUTの構成員は、大雑把に言うと、3分の2は初等学校の教師で、残りが中等学校の教師です。そして、初等学校は小規模であることが多く、同僚性的なアプローチ、校長と教師の間のより密接なパートナーシップ・アプローチがとられているところが多いと言えます。さらに、組合員には校長も含まれていて、校長がNUTの組合員である学校では、NUTの方針を教職員に伝えるのは校長だということもあるわけです。こういったことが、私たちの調査結果の背景にあるかもしれません。

　私は、多くの場合、(こうした問題についての)校長の認識は教師の認識とほぼ一致しているのではないかと思います。これまでに述べたいくつかの点、たとえば、生徒の学習成果との乱暴なリンクについては、校長も教育的見地から批判的です。また、このことが教師たちに分断的な影響を及ぼすことを強く懸念しています。さらに、新しい制度だということもあります。教師どうしで指導あい、助言しあうなどの取り組みがあって、有益なフィードバックが行われるということは、これまでも多くの学校であったのです。しかし、一部の学校では、そういう関係はまったく新しいものであって、そこでは教師だけでなく、多くの校長がいま学習の過程にいるのだろうと思います。教師の専門性の向上という観点からは、まだ多くの課題が残っています。

**勝野**　イギリスの教師がパフォーマンスマネジメントをどうみているかについて、別の調査がエクセター大学 (Exeter University) で行われていますね。ウォーウィック大学の調査と比べて、規模は小さく、主に質的な調査ですが、やや異なる知見を示しているように思います[5]。それによれば、大部分の教師は、政府は教師の専門性を高めるためにパフォーマンスマネジメントを導入したとみていて、実際にもパフォーマンスマネジメントにあまり不満はなく、ほぼ満足しているということです。パフォーマンスマ

ネジメントに対してはっきりと否定的な教師は少数派にとどまるようです。要するに、教師のとらえ方がかなり中立的だという結果なのですが、この調査との違いはどのように解釈すればよいのでしょうか。

**チースマン**　そうですね、まずウォーウィック大学の研究では、調査対象がNUTの組合員に限られていたことが、原因としてあるかもしれません。私たちは組合員に情報を提供していますから、それが教師の受けとめ方に影響を与えていることはありえます。エクセター大学の調査では、NUTの組合員もそうでない教師も含まれていますから、統計的にみて、そのことが原因となりえます。

　しかし、私は別の重要な要素もあるように思うのです。実施以来3年という現時点で、パフォーマンスマネジメントと給与とのリンクはそれほど明確になっていません。昇級審査は明確に給与とリンクしていますが、基本給与表が適用されている大部分の教師は、懲戒処分の対象となっていない限り、年次昇給があります。毎年の昇給が保障されているのです。現段階では、パフォーマンスマネジメントはこの点に変化をもたらしてはいないのです。したがって、パフォーマンスマネジメントがうまく実施されている場合には、その肯定的な側面、つまり、そこから有益なフィードバックを得られたりするという、教師の専門性向上のための手段としての側面がみられるということができるのではないでしょうか。

　しかし、昨年、教育大臣が教員の給与と勤務条件に関する調査機関（School Teachers Review Body：STRB）[6]に宛てた書簡のなかで、給与とのリンクの強化について検討すべきことを述べていました[7]。さらに、最近のスピーチのなかで、ミリバンド（D.Milliband）閣外相が再び同じことをとりあげています。決定事項ではないのですが、将来の方向性として示唆しています。もしそうなれば、教師の受けとめ方に大きな影響を与えることになるでしょう。現時点では、私が話をしたNUTの組合員の多くは、パフォーマンスマネジメントが教師の専門性の向上という点で有益である可能性を認

めながらも、留保的なとらえ方をしています。政府がこの制度を導入したのは、将来、完全な業績主義給与を実施する意図からだろうという見方です。

　現在は、昇級審査を90％以上の教師がパスするわけですから、業績と給与との関係はきわめて弱いと言えますが、もし、現在よりも業績主義的な要素が強まっていくとすれば、それはパフォーマンスマネジメントの持っている可能性を掘り崩すことになると思います。そうなった場合、エクセター大学の調査でインタビューをした教師に改めて調査してみれば、それほど中立的な結果は出てこないのではないでしょうか。エクセター大学の調査は、たいへん有益ですが、現段階では成果と給与のリンクがそれほど明確にはなっていないという背景に注意する必要があると思います。

**勝野**　そのパフォーマンスマネジメントと給与のリンクが弱いというのは、政策的意図の問題と考えればいいのでしょうか。それとも、教師の給与のための費用は学校レベルに委譲されているわけですから、財政的な制約から、そうならざるを得ないということなのでしょうか。

**チースマン**　私はその両方の要素が絡みあっていると考えます。まず、1998年に昇級審査とパフォーマンスマネジメントを提案した時点で、NUTも含めて、教師からとても激しい反対の声がわきおこりました。これは私の推測ですが、この反対の結果、政府はより慎重なやり方をとることになったのではないかと思います。しかし、この問題に繰り返し言及し続けていることを考えれば、政府は現在の制度において実現しているより、もっと完全な業績主義給与の実現を図りたいと考えているはずです。おそらく、このことをめぐっては、将来も論争が継続するでしょう。

　昇級審査については、教師の中途退職を抑制しなければならないという問題と関係しています。ロンドンのように新規採用者を確保することが困難な地域もありますが、ほんとうに深刻な問題は、教職について2、3年から5年の間に少なからぬ教師が退職してしまうという問題なのです。さ

らに問題を深刻にしているのが、教師の高齢化です。今後10年ないし15年くらいの間に、多くの教師が退職年齢を迎えます。業績主義給与を実施するより、昇級審査の方がより多くの教師を教職にとどまらせる効果を期待できると考えたことが、£2,000の昇給を与えることにした理由ではないかと思います。昇級審査が対象とするのは、まさに、この中途退職する時期の年齢層なのです。

　また、中途退職者の抑制という性格を持たせることで、給与費の増額を正当化し、国民を納得させることができると考えたのでしょう。しかし、いずれにしても、業績主義給与の本格的実施に向けて、段階的アプローチが戦略的にとられているように思います。あなたが数年後に再びイギリスを訪れた時には、業績と給与をいっそう強く結びつけるという方向にさらに進んでいることは確実でしょう。もちろん、NUTは反対していきますけれども。

　あなたの指摘したもう一つの点、つまり学校財政との関係で、かりに業績主義給を実施したくても、できないという事実があるのか、これも重要な問題です。やはり、ミリバンド閣外相のスピーチのなかで、現在は昇級審査による£2,000の昇給のための資金が通常の給与費とは別に保障されているのですが、将来的にはこの保障をなくすということを言っています。政府が昇級に伴う給与資金を確保するのをやめて、その分を直接学校予算のなかに組み入れてしまうということです。そうなると、学校の管理職は、個々の教師に昇給審査をパスさせるべきかどうか、経営的判断を迫られることになります。それから、ミリバンド閣外相のスピーチでは、外部審査官の学校派遣を廃止する可能性にも触れています。こういった改革案は、昇級審査の質と公平な運用に関する重大な問題提起ですから、慎重に見定めていきたいと思います。

　パフォーマンスマネジメントについても、状況は同じでしょう。多くの学校と地方当局は資金難に苦しんでいますが、教師の給与は予算の大きな部分を占めていますし、それ以外の競合する財政需要もたくさんあ

ります。(財政的制約は)確かに一つの要因です。そのうえで、昇級審査のための資金を直接学校予算に組み入れるということでしたが、それは予算を(需要に見合った)現実的なものから、名目的な予算にしてしまうことになります。(昇給の決定をしても、いったい)誰が実際に負担するかということです。(予算は)何人の教師に昇級審査をパスさせるかについての制約条件になります。

　業績主義給与に対する懸念に戻りますが、他の公共サービス部門で働く公務労働者は、業績主義給与をインセンティブとしてではなく、給与を抑制するためのメカニズムとみているのが実情です。インセンティブであるためには、十分な資金が用意されていなくてはなりませんが、実際にはそうではないからです。今年の教員給与のベースアップは約2.9％で、インフレ率とほぼ同じか、やや下回る水準です。このようにベースアップがインフレ率を下回るような状況が年々続き、給与費としてもっと多くの資金を学校に投入することがなければ、教師の不満はますます高まることになるでしょう。

　さらに、健康・福祉部門など公務労働者一般の給与について、政府がどういう発言をしているかをみると、給与水準の上昇は、生産性と水準の向上といった専門職の現代化(modernization)によって正当化されなくてはならないと言っています。教師の給与に限らず、公務労働者の給与について、このような大きな枠組みが課せられているのです。教育は政府にとって優先的政策ですから、より多くの資金を学校に投入していることを訴えたいわけですが、同時に資金が公務労働者の給与増に吸収されてしまっているように国民から見られるのは避けたいのです。教師の給与の問題については、この事実を考慮しなくてはなりません。政府は教育水準の向上に熱心である姿を示したい。同時に、公教育費の増額が教師の給与増に吸収されてしまっているように見えることは避けたいのです。

**勝野**　日本でも同じように、教師だけではなく、公務労働者全体につい

て能力主義・業績主義に基づく人事管理ですとか、業績主義給与ということが言われていますから、イギリスの状況はほんとうによく理解できます。ところで、一つ確かめておきたいのですが、昇級審査をパスすると、教師は上級給与表が適用されるわけですが、この段階での年次昇給は期待できないのでしょうか。

**チースマン** そうです。昇級審査をパスすると、新たに作られた5ポイントからなる給与表の第1ポイントに位置づけられます。この給与表では、昇給は自動的ではありませんし、毎年必ず昇給があるわけではありません。要するに、業績主義的要素を含んでいるわけですが、この点とても曖昧な仕組みになっています。というのは、基本給与表から昇級審査を経て、上級給与表に移るためには明確な基準があり、上級給与表への昇級に業績主義的要素があることは誰にとっても明らかなのですが、昇級後の基準は不明確なのです。昇給を申請して、うまくいかなければ翌年再び申請することになりますが、上級給与表での昇給の基準は設定されていません。そのための判断は個々の学校管理職に任されています。そこで、学校管理職による判断の質が大いに問題となります。たとえば、性や人種による差別が行われてはいないかという懸念です。

　学校財政も関係してきます。基本給与表からの昇級と違って、上級給与表における昇給は学校予算が資金となります。資金難に陥っている学校では、ドラコニアン的な方針（厳格な昇給基準）を適用したいという誘惑にかられることがありえます。この点、昇給基準についてのNUTの解釈はとても明快ですし、多くの校長にも概ね受け入れられているものです。それは要するに、教師は昇給のために、ポートフォリオのようなものを準備するとか、何か改めて特別なことを求められるべきではないということです。いったん、専門職としての資質を示し、昇級審査で求められる専門職的基準を満たしたならば、上級給与表での昇給基準は、その水準の専門性を維持しているかどうかでなくてはならない。それがNUTの解釈です。し

かし、先ほど言いましたように、明確な全国的基準というものはありません。から、この判断については、政府が学校にフリーハンドで任せているものと言えます。

**勝野**　なるほど、これまでのお話を総合すると、パフォーマンスマネジメントに対するNUTの方針としては、それが専門職的な性質を持つ限りにおいて、反対ではないというふうに理解してよいのですね。

**チースマン**　二つのことを区別してもらう必要があります。NUTは適切な教員評価、教師の専門職としての成長のための評価の取り組みを常に支持してきました。パートナーシップ・アプローチあるいは同僚性に基づく教員評価、管理職と教師の間の信頼と合意に基づく教員評価、教師の成長のための肯定的で建設的なフィードバック、公式・非公式の職能成長の機会、そしてとても重要なこととして、きちんとした財政的な保障があれば、NUTはそうした評価を全面的に支持します。パフォーマンスマネジメントが導入される以前から、この立場を保持しています。数年前、前保守党政権によって全国的な勤務評定制度が導入されましたが、多くの学校では、積極的に取り組んでいこうという意欲を維持することはできませんでした。ですから、一面においてパフォーマンスマネジメントの導入には、積極的な側面があるとも言えます。

　しかし、そのこととパフォーマンスマネジメントがどのような背景のもとで導入されたのかということを区別しなくてはなりません。すでにお話したように、現時点では、パフォーマンスマネジメントと給与とのリンクはほとんどないと言えますが、1998年のグリーンペーパーでの提案は明らかに業績主義給与の文脈から生まれたものでした。NUTが反対するのは、この点です。私たちは、専門職的な教員評価を支持しますが、業績主義給与には明確に反対しています。とくに、生徒の学習成果とのリンクに反対していますが、すでにお話したように、生徒の学習成果に関する目標

を設定することが義務づけられていて、NUTはこのことを強く懸念しています。

さらに、現在でも徐々に、給与とのリンクが弱いとは言えなくなってきている側面があります。パフォーマンスマネジメントが定着して、個々の教師についての資料や情報が作成されると、昇級審査での給与とリンクが強まるからです。昇級審査が最初に実施された時には、個々の教師についてのパフォーマンスマネジメントの記録がなかったので、それを利用することができませんでした。しかし、いまでは個々の教師がどのような目標を設定し、どのように評価されたかについての正式な記録がありますから、校長は昇級審査を行う際に、その記録を利用することができます。ですから、なお限定的ではありますが、パフォーマンスマネジメントと給与とのリンクは徐々に強まっているのです。昇級審査の時点でも、その後も。

**勝野** なるほど、NUTの方針はよく理解できました。ところで、日本の教師と教職員組合のスタンスを少し紹介しますと、先ほどの調査からも推測できると思いますが、管理主義的な教員評価制度に対しては強く反対しています[8]。とくに、評価結果の給与への恣意的な反映については反対していて、NUTの業績主義給与に対する反対と共通しています。しかも、それではあらゆる評価を否定しているかというと、そうではない点も共通なのです。先ほども言いましたように、日本の教員評価では個々の教師は学校経営方針に即して自分の目標を設定することが強調されるのですが、学校経営方針は、国や地方レベルの行政機関によってトップダウン式に決定されていたり、管理職が専断的に決めたりすることもあるのです。ここに深刻な葛藤の根があるわけです。この葛藤を生じさせないためには、教師の職能成長のためのニーズは教師自身が判断しなくてはならない、学校づくりのニーズも学校に関わる当事者が判断しなくてはならないわけで、基本は民主的な自己評価でなければならないと考えます。

教育は言うまでもなく、子どもたちのよりよい学習のためにあるわけですし、親も当然のこととして子どもの教育に関心を持っています。地域社会も、その未来は次の世代の教育の成功にかかっているわけですから、関心がある。学校は、こうした子ども、親、地域社会に対して専門職的な応答をすることが求められているのではないでしょうか。単に応答的であるというだけではなく、より積極的に子ども、親、地域社会が学校づくりに関わること、学校づくりの一環としての学校の評価に関わり、その一部として教員評価にも関わることが必要です。この評価は教師だけのものではなく、つまり、そうした限られた意味で民主的であるのに留まらず、子どもたち、親、地域社会に対してもっと開かれたものではなくてはならない。そのような形の民主的で協同的な学校づくりの取り組みが日本でも始まっているように思います。こうした背景があるものですから、私はジョン・マクベス（J.MacBeath）がNUTの委嘱を受けて行った、学校の自己評価に関する研究、『学校は自ら語らなくてはならない』にいま注目しています。

　しかし、こうした取り組みは、まさしく「言うは易く行うは難し」です。私は、克服しなければならない二つの大きな課題があると思っています。一つは、教師の感情や学校の文化の問題です。十分に理解できることではあるのですが、このように学校が子どもや親や地域社会に向けてもっと開かれなくてはならないという考えに対して、教師がとまどいや抵抗を感じてしまうことです。実際、自分たちの実践、授業を進んで開かれたものにするのは難しいことです。もう一つは、政治や行政の当局によって、この種の草の根的な自己評価が利用されてしまうのではないかという懸念です。当局が自分たちの政策を推し進めるのに都合のよいように利用しはしないかということです。たとえば、親の意見というのは当然さまざまですから、「ごらんなさい。われわれの政策は親に承認されているのだ」と言える場合がありえます。たとえ、そうした親の声は代表的なものではない場合にでもです。自己評価と当局や権限を持っ

た外部機関による外部評価が並存する場合には、こうしたことがおこりうるのではないでしょうか。自己評価と外部評価をどのように組み合わせていくかは大きな課題であると思うのです。

**チースマン** あなたがいま、日本の教師と教職員組合が教員評価のような制度にどう関わっていこうとしているかについて話されたことは、逐一、イギリスの状況とNUTの対応にもあてはまっていて、とても驚きました。ジョン・マクベスの『学校は自ら語らなくてはならない』に言及されたわけですが、おそらく、日本の教職員組合とNUTが同じような結論に達したのは、国レベルの政策が似ているからというのが一つの理由でしょう。NUTも政策に対する建設的なオルタナティブとして自己評価を促進していこうとしています。これは、ある面において、従来の教師の専門性を再点検することを必要とすることです。また、NUTの姿勢の基本には、教育改革を進めていく推進力、教育と学習をよりよいものにしていく推進力は専門職としての教師たちの内部になくてはならない、あなたが指摘されたように、管理主義的でトップダウン式のアプローチではだめだという、私たちの確固たる信念があります。日本の教職員組合と同様、私たちもまた、オルタナティブな政策としての自己評価の理念を支持するに至ったのです。

　それは、より建設的なオルタナティブを提案するということでもあるのですが、それ以上に、イギリスの外部評価システムに対する実に深刻な懸念を反映したものです。教育水準庁、学習成果に関する目標の設定と管理、学校・カレッジのリーグテーブル（成績一覧表）、こうしたことは本質的に教育の市場化されたモデルであり、NUTはこれをきわめて有害なシステムとみています。大多数の教師と校長も、この点、同じように考えていると思います。しかし、自己評価モデルを通じての専門職的アカウンタビリティ、教師が子ども、親、地域社会に対して専門職的な責任を負うこと、子ども、親、地域社会による参加ということについて、日本の教師がそのようなスタンスであるとお聞きしていて、つまりそういったことを理

念としていると聞いて、それは私たちの基本的方針と一致したものだと思いました。

　日本の教師と同様に、イギリスの教師にも自己防衛的なところがあると思います。私たちは、そのようなオルタナティブモデルを強く支持しますが、現実的はとても難しいでしょう。文字通りの文化変動（culture shift）を必要とします。あなたが日本に状況について説明してくれたことは、イギリスでもまったく同じで、イギリスの教師も広範な参加の主体に向けて自らの実践を開くことには自己防衛的であろうと思います。教員組合もこの理念を支持しますが、その一方で、教育水準庁をめぐって、学校評価に関する深刻な懸念が強まっているという現状もあります。

　教育の市場モデルということを言いました。学校のリーグテーブルが公表されているわけですが、学校にどれだけの数の特別な教育的ニーズを持つ生徒や英語を母国語としない生徒が在籍しているかが確実に影響を及ぼします。学校の成果を粗雑なテストデータで測定することが、こうした学校の抱える問題をさらに困難なものにしてしまうのです。逆に、成績のよい生徒がたくさんいる、リーグテーブル上位の学校にとっては、ますます有利になります。したがって、現状において、私たちのアカウンタビリティモデルは専門職的なものとは言えませんし、学校間の競争を煽るものであり、懲罰的なものであると考えられています。

　校長は、いつも教育水準庁の学校視察に戦々恐々としています。新しい方針を取り入れたり、教育方法を開発したりするという場合にも、教育水準庁がそれを気にいるかどうかを気にしなくてなりません。こうした状況のなかで、そもそも積極的な学校評価のモデル、私たちの推進する学校の自己評価モデルとはどういうものかについて語るのはとても困難になっています。外部評価を行う独立した機関や評価者がいるわけですが、私たちは自己評価が有益な評価であると考えていますから、そうした機関や評価者の果たす役割は自ら評価を実施することではなく、自己評価の促進であるべきだと考えています。しかし、どのようなモデル

であるにせよ、学校評価や学校視察に不信がつきまとう状況のもとで、積極的なモデルについて論じるのは難しいことです。あなたが日本の状況について分析されたことは、ことごとくイギリスにもあてはまります。

**勝野** 日本でも、教育制度を市場化しようという新自由主義的な政策が顕著にみられますし、教師のおかれている状況もよく似ていて、よく理解できます。つまり、NUTとして学校の自己評価を推進していくための、具体的なプログラムをすでに実施しているということではないのですね。

**チースマン** ええ、これからも理念を推進し続けていくということではありますけれども。注目すべきことに、最近、教育水準庁は学校視察のプロセスについての見直しを行いました。NUTも協議に加わって意見を述べ、その過程に貢献しています。その結果、教育水準庁内部に一定の積極的変化が生まれたと言えますし、それは大いに歓迎すべきことです。創設以来、教育水準庁に対して教師は不信感持ち続けてきました。特に、クリス・ウッドヘッド（C.Woodhead）前長官の教師に対する批判的発言は、一官僚の発言への対応としては異例なほど、メディアに大きくとりあげられ、注目を浴びるものでした。しかし、現在、ウッドヘッド氏は教育水準庁を去り、教師からもっと信用されている人物が後継者となっています。教師たちとも、前任者ほどの葛藤を生じさせないで、もっとパートナーシップ的なやり方でやっていけるでしょう。

　しかし、教育水準庁とその長官が長い間、そういうふうに受けとめられてきた後ですから、簡単ではありません。こうした状況のなかで、授業や学習に関する生徒の声を学校視察の過程に生かしていくというような、一定の積極的施策もとられるようにはなっています。それは、小学生のような子どもの場合もありますが、継続教育、シックスフォーム・カレッジなどではこれまでもかなり実践されてきたことであるのです。継続教育部門の学校視察では、生徒自身が授業の質などについて分析し

て、それが取り入れられるということがよく行われていました。その意味では、こうした視察の方法が中等教育や初等教育などの学校部門に広がってきているということでもあります。それは、積極的な動きであり、あなたのおっしゃったような、より民主的で参加的なモデルの方向に向かっているということです。まだ、道半ばですけれども。教師に不信や敵意や抱かせるのではなく、教師からみて望ましいモデルをさらに発展させる必要があります。その方向で積極的な変化がみられるようになっていると言えます。

(1) 昇給審査では、審査結果に不服の場合に再審査を要求することができる。再審査は特別な研修を受けた外部審査官が行うが、その結果がなお差別（discrimination）に基づくものであると考えられる場合には、雇用審判所（Employment Tribunal）に申し立てることができる。また、パフォーマンスマネジメントでは、業績評価の結果に対して不服がある場合には、審査委員（review officer）による審査を要求できる。審査委員は校長もしくは、校長がチームリーダーである場合には、学校理事会の委員長が務める。審査委員は、業績評価書の写しを受け取ってから10日以内に審査を行い、業績評価書をそのままもしくは意見を付して有効とする、評価者の承認を得て業績評価書を修正する、チームリーダーを変更のうえ業績評価のやり直しを命じるのなかからいずれかの決定を行う。審査の過程では、申請をした教師の意見が必ず聴取されなくてはならない。Education(Teacher Appraisal)(England)Regulations 2000,art.35.

(2) 各学校（学校理事会）はパフォーマンスマネジメント実施方針を策定することになっている。NUTが提示したモデルの冒頭は、次のようである。「学校理事会は、パフォーマンスマネジメントには以下の基準が適用されなくてはならないと考える。
　パフォーマンスマネジメントは
　　・教師のモラールと意欲を高めるものでなくてはならない。
　　・ニーズに応じた職能成長への権利を保障するものでなくてはならない。
　　・教師に、上からの押し付け（top down）ではなく、今までできなかったことを可能にするもの（enabling）であるように受けとめられるものではなくてはならない。
　　・教師の確信的かつ専門的な判断を奨励するものではなくてはならない。
　　・教師の意思決定への参加を促進し、自己の職務に対する統制感を高めるもので

なくてはならない。
　　・教師を支援するのにどのような資源や設備が必要であるかを明らかにするものでなくてはならない。
　　・運用しやすい（manageable）ものであり、官僚的業務負担を増すようなものであってはならない。
この目的のために、学校理事会は本校におけるパフォーマンスマネジメントは次のような特徴を持つものでなくてはならないと考える。
　　・教師とチームリーダーの間の信頼に支えられたものであること。
　　・教師が自分の職務と職能成長について、チームリーダーと専門的な議論を行う適切な機会を持つこと。
　　・運用しやすさと公平性。」NUT(2002) *A Model Performance Management Policy for Schools,* London:NUT,pp.1 -2.
(3)　1章注4を参照。Richardson,R.(1999)*Performance Related Pay in Schools - an assessment of the Green Paper -,* London: NUT.
(4)　Barber, M. (1992) *Education and The Teachers Unions,* London: Cassell, pp.1-12 The Origins of the NUT.などを参照。
(5)　Haynes, G.S. et al.(2002) *Being Managed: Performance Management from the teachers' point of view,* paper presented at BERA Annual Conference, Exeter, 13 September, 2002.　調査は2000年秋から2002年冬にかけて、12の初等・中等学校の32人の教師を対象にした事例研究である。この研究では、「教師の3分の2はパフォーマンスマネジメントに対して、「満足している」か「大体満足している」と答えており、有益なことはまったくないと答えたのはわずか2人であった。パフォーマンスマネジメントから得られる利益としてあげられていたのは、次のとおりである。目標の明確化。自省を促されること。指導的立場にある同僚との間の教育実践についての議論。授業観察からの有益なフィードバック。仕事を認められること。研修ニーズを主張できる機会。能力や意欲に欠ける教師のチェック。昇給の可能性。また、不利益としてあげられていたのは、次のとおりである。ストレスの増加。官僚的業務。費やされる時間。潜在的に分断的なものであること。生徒の進歩によって教師の業績を測る困難さ。なかには、パフォーマンスマネジメントはアイディアとしては有益だが、学校での実際の運用のされ方は満足できるものではないという教師もいた」(p.16)とされている。
(6)　MacBeath, J. & NUT (1999) *School Must Speak for Themselves: The case for school self - evaluation,* London: Routledge.
(7)　STRBは、教員の給与・勤務条件について政府に勧告を行う、日本人の人事院に似た機能を果たす法的機関。勝野正章(1997)「イギリス　学校教員の給与と勤務条件に関

する文書」『東京大学大学院教育学研究科教育行政学研究室紀要』第16号、53‐72ページを参照。
(8) ここでいう「日本の教師と教職員組合」はもちろんすべての教師と教職員組合を指しているのではない。この点の誤解のないよう、チースマン氏にものちほど強調しておいた。

# おわりに

　本書は、著者がこれまで教員評価に関わって書いてきたいくつかの論文に修正を加えたり、必要な箇所を新たに書き加えたりして、全体がなるべく首尾一貫したものとなるように書きおろしたものである。ベースになっている主な論文は以下のとおりである。

1. 「教員評価における専門性発達論の検討－現代イギリス教育改革における勤務評定制度の理論的研究－」『東京大学教育行政学研究室紀要』第12号（東京大学教育行政学研究室、1992年）
2. 「教師評価の二つのアプローチ－『教育的』オルタナティブの探求－」『新しい資格社会と学校教育　第4回大会報告集』（日英教育研究フォーラム、1996年）
3. 「諸外国の教職員賃金で『成績主義』は成功したか」『ほんりゅう』第15巻第5号（ほんりゅう編集委員会、1997年）
4. 「『能力開発型教員評価』への転換は可能か？」『ほんりゅう』第17巻第7号（ほんりゅう編集委員会、1999年）
5. 「イギリスにおける教師教育改革の動向－教育市場・外部統制・『教育活動』の理論と実践－」『北星論集』第36号（北星学園大学経済学部、1999年）
6. 「教員人事考課制度のなにが問題か－東京都の事例を中心に－」『季刊　教育法』第124号（エイデル研究所、2000年）
7. 「L. ステンハウスのカリキュラム論と教師の『教育の自由』」『北星論集』第38号（北星学園大学経済学部、2000年）
8. 「教員評価制度をめぐる動向と課題」『日本教育法学会年報』第30

号(有斐閣、2001年)
9. 「教師の専門性と教員評価」『日本教師教育学会年報』第10号(学事出版、2001年)
10. 「教員評価・学校評価の批判と取り組み」『教育』No.664(国土社、2001年)
11. 「教員評価政策の批判的検討」『日本教育行政学会年報』第28号(教育開発研究所、2002年)
12. 「イギリスの教師は業績主義をどう受けとめているか」『教育』No.678(国土社、2002年)
13. 「『評価から参加へ』をめぐって」『人間と教育』36号(旬報社、2002年)
14. 「諸外国における『開かれた学校づくり』」坂田仰ほか編著『開かれた学校とこれからの教師の実践』(学事出版、2003年)(平田淳、小島優生と共著)
15. 「教師の専門家としての成長と自己評価」『教育』No.689(国土社、2003年)

　大学院生のとき最初に書いた論文が「教員評価における専門性発達論の検討－現代イギリス教育改革における勤務評定制度の理論的研究－」であった。1990年から91年にイギリスのブルーネル大学(Brunel University)大学院に留学する機会があり、そのとき関心を抱いたテーマについて帰国後に書いたものである。日本では、当時まだ、勤務評定に代わる新しい教員評価を導入しようという政策的関心はほとんどみられなかった。論文を書いてから、こんな外国の動向を研究テーマにすることはあまり意味がないのではないでしょうかと漏らした私に、大学院の先輩であった谷雅泰さん(現在、福島大学)が「勤務評定は戦前の宗像誠也以来、うちの研究室にとって伝統あるテーマなのだから」と励ましてくださったことをいまでも覚えている。また、日本でも政策が動き始めた頃、都立高校の教師を退職

されて埼玉大学で研究をされていた山田功さん（現在、教育基本法全国ネットワーク事務局長）が、この論文を読みもう少し話を聞きたいからとおっしゃって、私が当時働いていた札幌の北星学園大学までわざわざ訪ねてくださったこともとても励みになった。

　本書はささやかな研究の中間地点であり、たくさんの課題を残しているけれども、多くの方々のご指導と励ましがなければ、ここまでもたどり着けなかったと思う。なかでも、大学から大学院を経て現在に至るまで、牧柾名先生、浦野東洋一先生、小川正人先生からご指導を受け続けることができたのはほんとうに幸いだった。とくに本書の内容については、浦野先生、小川先生のご指導に負うところが大きい。そして、中田康彦さん（一橋大学）の研究から教えていただくことはとても多かった。また、はじめて専任の大学教師となった北星学園大学と現在の職場であるお茶の水女子大学では、あたたかく知的刺激に満ちた教育と研究の環境に恵まれた。両大学の諸先生と学生・大学院生の皆さんには心より感謝申し上げたい。そして、教員評価というものをどう考えるべきか、日本各地の学校の教職員、子どもたち、保護者から多くのことを教えていただいてきた。尊敬する研究者の方々がそうであるように、私も教育実践から理論を結晶化するような研究を心がけていきたいと思う。

　本書の出版にあたっては、（株）エイデル研究所の新開英二氏（取締役出版部長）と山添路子さんにたいへんお世話になった。厚くお礼を申し上げる。なお、本書は北星学園大学特別研究費（1999年度）「公立学校教員のメリットペイに関する外国文献研究」、日本学術振興会科学研究費補助金奨励研究（A）（2001－02年度）「学校の自己評価と外部評価の連携・統合に関する理論モデル構築のための基礎的研究」による研究成果の一部を含んでいる。

　　　　　　　　　　　　　　　　　　　2003年7月　勝野 正章

## 新刊案内

# 大学評価

## 文献選集

編集代表　大南正瑛
編集委員　清水一彦・早田幸政

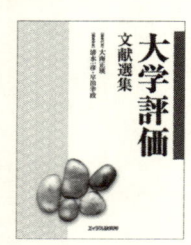

Ａ５判・上製　400頁
定価6000円（本体5714円）

- 収録文献は、学術研究論文的な論文はできるだけ避け、読みやすいものを中心に、今までの大学評価研究に蓄積がわかり、さらに大学評価に関わる問題意識や課題を浮かび上がらせるようなものを極力取り上げたつもりである。
- 大学評価を見る目を養い、大学評価に関わる問題点や課題を読み解く観察眼をもつために、本書が少しでも役立つことができれば幸いである。　　（本書序文より）

**エイデル研究所**　〒102-0073　東京都千代田区九段北4-1-11
TEL 03-3234-4641　FAX 03-3234-4644

---

## 目次

大学評価の幕開けに臨んで―序にかえて―　大南正瑛
大学評価の背景・経緯と展望　清水一彦・早田幸政
文献収録に当たっての基本方針

### 第一章　大学評価の歴史

本章の解説
日本における大学基準と大学評価の歴史　戸田修三
大学評価の可能性を問う―大学史家の立場から―　寺崎昌男

### 第二章　海外の大学評価

本章の解説
米国における基準協会について―資格認定をめぐる諸問題―　金子忠史
西ドイツにおける大学の設置認可と評価　潮木守一・金口恭久
大綱化と自己評価の新政策―オランダ　韶　昭
大学評価の意味　江原武一
アメリカの大学におけるティーチング・ポートフォリオ活用の動向　杉本　均
フランスにおける大学評価の新展開　本間政雄
イギリスの大学評価―イングランド高等教育財政カウンシル（HEFCE）
による教育評価の仕組み―　安原義仁

### 第三章　大学評価の理論

本章の解説
自己評価への道　西原春夫
高等教育の構造変化と大学評価　金子元久
「大学評価」をどう読むか―行政の立場からの大学への期待―　合田隆史
大学改革と自己点検・評価　佐藤禎一
大学評価要請の根拠　新堀通也
大学評価を「自己評価」する　天野郁夫
大学評価の現状と課題―ブラックボックスと化した大学に未来はない―　有本　章
自己点検・評価の現状と問題点　近藤正春
大学教員評価の視点　絹川正吉
大学の自己評価の方法―双方向型評価の導入―　清水一彦
何故大学の質が問われるのか　木村　孟
大学評価の課題と展望　早田幸政
大学政策の評価と文部行政のあり方　室井　修
大学評価の可能性―自己点検・評価と外部評価―　喜多村和之
大学評価とその背景としての大学運営の力学　山本眞一

### 第四章　ＦＤと大学教育の改善

本章の解説
大学改革とFaculty Development　堀地　武
学士課程教育の現状と問題点―多様な学生の学習の質的向上の観点から―　関　正夫
大学教育の改善に関する研究―ファカルティ・ディベロップメントと
大学生の学習理論の開発―　加澤恒雄
ファカルティ・ディベロップメントのすすめ　示村悦二郎
ＦＤ活動の在り方と今後の実践課題―努力義務規定は果たして必要か―　原　一雄

### 第五章　大学評価システム

本章の解説
大学評価と設置基準行政　天城　勲
私立大学助成の曲がり角　市川昭午
大学自己評価の制度化　細井克彦
大学評価の組織体制と実施手続　関口尚志
大学評価と大学基準協会　青木宗也
大学の質の保証装置としての加盟判定審査システム　佐々木　毅
大学評価の実務手続について　前田早苗
新プログラム及びＣＯＥ形成プログラムを巡って　西川哲治
大学基準協会の相互評価の現状と展望　大南正瑛

### 第六章　資料篇

「大学評価の新たな地平を切り拓く〈提言〉」要旨　財団法人大学基準協会
平成一二年度に着手する大学評価の内容・方法等について　大学評価・学位授与機構
日本技術者教育認定基準（二〇〇二年度版）　日本技術者教育認定機構

大学基準協会・企画

# 大学・カレッジ 教育評価 実例ハンドブック

―アメリカ北中部地区基準協会『自己評価と改善・改革に関する論集』より―

早田幸政・訳

A5判 152頁
定価2200円
(本体2095円)

● これからは「学生の学習成果の検証」を通じて教育の内容・方法の改善を図ることが高等教育界の大きな課題となる。

● 「学生の学習効果のアセスメント」にかかわるものを中心に、FD、学生による授業評価、学生満足度調査、卒業生の能力保証など、多岐に亘るテーマを収録。

● 教育評価、教育の改善活動等に関わる大学関係者の必読文献！

[実例 1] 全学構成員参加型の自己点検・評価
[実例 2] 自己点検・評価活動と計画策定活動とのリンキング
[実例 3] 教学改革とアセスメント
　　　　　―ノースセントラル・ミズリー・カレッジの場合―
[実例 4] 教育効果のアセスメント
　　　　　―コロンバス・ステイト・コミュニティ・カレッジにおけるアセスメント手法の開発・確立とその実施経緯―
[実例 5] 教育効果に対するアセスメント活動
　　　　　―アールハム・カレッジから他のリベラル・アーツ・カレッジへのメッセージ―
[実例 6] ある州立大学におけるアセスメント・プランの開発
　　　　　―ノースダコタ大学の方策と教訓―
[実例 7] 「学業修得保証書」を通じたカレッジの教育責任の履行
[実例 8] 成功を確認するための指標
　　　　　―成果のアセスメントを通じたピーマ・コミュニティ・カレッジの「使命」の評価―
[実例 9] 目的達成度を測定し改善・改革を図る手段としての教育プログラム評価
[実例10] 大学院学生の教育上の評価
[実例11] 学習成果のアセスメントとデータ間のリンキング
[実例12] 職業教育指向の準学士課程における総合型の一般教養教育
[実例13] 学生による授業評価へのシステムアプローチ
[実例14] 限られた資源・条件下でのファカルティ・ディベロップメントのあり方
[実例15] 高等教育機関の有効性―高等教育のニーズに対応した教職員の能力開発―

**エイデル研究所** 〒102-0073　東京都千代田区九段北4-1-11
TEL 03-3234-4641　FAX 03-3234-4644

●著者紹介

# 勝野 正章（かつの まさあき）

略歴
　1965年生まれ
　1988年　東京大学教育学部教育行政学科卒業
　1990－91年　ブルーネル大学（Brunel）大学院留学
　1996年　東京大学大学院教育学研究科博士課程単位取得退学
　1996年　北星学園大学経済学部専任講師
　現在　お茶の水女子大学大学院人間文化研究科助教授

著書（共著）
・堀尾輝久・浦野東洋一他編『講座学校　第7巻　組織としての学校』（柏書房、1996年）
・小川正人編著『教育財政の政策と法制度－教育財政入門－』（エイデル研究所、1996年）
・日本教育法学会編『講座現代教育法2　子ども・学校と教育法』（三省堂、2001年）

訳書
・D.ロートン『教育課程改革と教師の専門職性』（学文社、1998年）

---

## 教員評価の理念と政策 －日本とイギリス－

2004年8月23日　2刷発行

| | |
|---|---|
| 著　者 | 勝野　正章 |
| 発行者 | 大塚　智孝 |
| 印刷・製本 | 中央精版印刷株式会社 |
| 発行所 | エイデル研究所 |

〒102-0073　東京都千代田区九段北4-1-11
TEL 03（3234）4641
FAX 03（3234）4644
© Masaaki Katsuno
Printed in Japan　ISBN4-87168-361-3 C3037